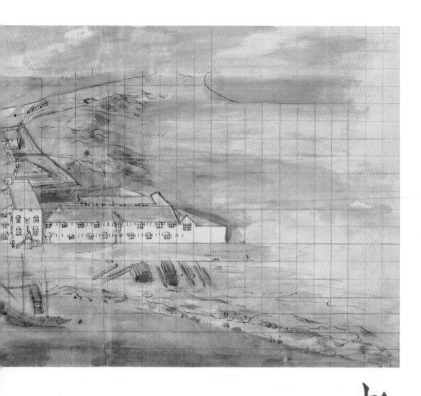

歷史
天　空

老臺灣

陳冠學 著

三民書局

國家圖書館出版品預行編目資料

老臺灣 / 陳冠學著. — — 二版一刷. — — 臺北市: 三民, 2018
　　面；　公分. — —(歷史天空)

　ISBN 978–957–14–6475–6　（平裝）
　1.臺灣史

733.21　　　　　　　　　　　　　　　　107015539

©　老臺灣

著 作 人	陳冠學
發 行 人	劉振強
著作財產權人	三民書局股份有限公司
發 行 所	三民書局股份有限公司
	地址　臺北市復興北路386號
	電話　(02)25006600
	郵撥帳號　0009998–5
門 市 部	(復北店) 臺北市復興北路386號
	(重南店) 臺北市重慶南路一段61號
出版日期	初版一刷　1981年9月
	二版一刷　2018年11月
編 　 號	S 670010

行政院新聞局登記證局版臺業字第○二○○號

有著作權‧不准侵害

ISBN　978–957–14–6475–6　（平裝）

http://www.sanmin.com.tw　三民網路書店
※本書如有缺頁、破損或裝訂錯誤，請寄回本公司更換。

老臺灣　新視野

陳冠學老師在世時，筆者曾多次前往屏東新埤鄉的田園小屋就教，並在他辭世前幾天前去探望。多年來一直以老師之名稱呼此位偉大的散文大師。如今有幸推荐老師的《老臺灣》一書，算是為老師的傑作，盡些個人綿薄之力。

《老臺灣》一書出版於 1981 年，老師以地質學做為雄厚的科學背景，並且引用許多典籍史書的資料，解讀臺灣四百年的歷史變遷。如果說《田園之秋》是紮根於田野之間的情感之作，那麼《老臺灣》就是理性探索這塊土地的身世之書。

全書一開始，冠學老師便以栩栩如生的文字，如立體 3D 般重現臺灣億萬年前誕生的情景。他如此寫道：

據地質學家的測定，臺灣由海中褶曲隆起成為海島，是在古生代的晚期，即在兩億兩千萬年以前；那時華中、華南還是一片汪洋的大海。這樣看來，臺灣自出生以來，便是個大海洋中的弄潮兒，四無依傍，屹立在大東海（包括華中）、大南海（包括華南）外，面對無邊無際的太平洋。當中生代，華中、華南自海中升起，形成現時的大陸，臺灣也第一次和大陸連接……

他還引用各朝各代史冊的紀錄，說明這座海島歷史的千百年以來的變化。他所引用最早的史書為《左傳》。該書主要紀錄春秋時期（西元前 770 年—前 476 年或前 403 年）的各項史事。他指出，《左傳》哀

公二十二年所紀載：「越滅吳，請使吳王居甬東。」杜預為此文注釋：「甬東，越地，會稽句章縣東，海中之洲也。」

　　冠學老師直指《左傳》裡所說的「甬東」，便是臺灣。只是這座海島歷經漫長年代，仍然沒有清楚的地名。直到《後漢書》將此地分為三部分，一名東鯷，二名夷洲，三名澶洲。《外國記》裡稱臺灣為紵嶼。《隋書》叫流求。他一再以史書的文字，印證從「甬東」到「流求」，所紀載的地方，便是後來荷蘭人所發現的「福爾摩沙」。

　　他並且在書中講述島上各個重要地景的演變，其中又以古都臺南變化最大。荷蘭船隊陸司令官雷爾生在1622年初，首次抵達臺南安平，在其航海日誌裡紀錄外國人所窺看到美麗之島的第一眼：「海岸多砂丘，有叢林散佈各處，島內高處，可見有樹木及竹林。」當時的安平還是個沙洲般的小島嶼，四面被海水包圍，和臺灣本島並不連接。此島在明萬曆年間陳第所著的《東番記》，被稱為「大員」。到了周嬰的《遠遊編》被稱為「臺員」，天啟年間改稱為「臺灣」。

　　除了以地質學、史書為臺灣追索身世，冠學老師在《田園之秋》所展現植物學、人類學淵博的知識，同樣運用在《老臺灣》這本書中。他引用了多本植物名彙專書，推斷全島有七千多種植物，占大陸植物七分之一，全球植物三十二分之一，可見種類繁複。其中「有六十五種馳名世界，樟樹為世界大宗，而臺灣五木紅繪、油杉、亞杉、香杉、肖楠更是稀世珍種。」

　　為勾勒臺灣人種的真實面貌，冠學老師引用知名人類學家Albrecht Wirth所著的《臺灣島史》，將先住民分為北部郡與南部郡。後來移民至臺灣的漢人也跟著採取這樣的二分法，住在山中未經教化的稱為生番與野番，住在平地接受漢族文化教化的先住民，則被稱為熟番。作者還引用了郁永河的《裨海紀遊》，帶領著讀者進入清治時期的先住民社會。

　　全書最後進入第六章〈拓荒〉，冠學老師引用外國傳教士 Mackay 巡遊臺灣時所見當時移民社會的文字，做為全書的終結：

　　「但願那些勇敢的開拓者之光榮遺骸永得安寧，他們是以大自然最嚴格的鑄型鑄成的，都有英雄氣概……他們戰勝了困難，使那個蠻荒偏僻的地方變成美麗安適的樂土……把荒涼的沼澤改成褐色和金色的良田。」

　　如今出版社將此書重新編印，讓讀者對於這座島嶼的前世新生，再次有了新視野的觀看。

郭漢辰

【第二版序】

　　本書初版時，因時勢第五章客家這一部份及第七章〈起義〉全章被刪除。如今時過境遷，理應復原。

　　有關客家被刪的文字，即我的主張，客家是塞外民族，曾經發表在鍾肇政先生主編的《世界客屬》第二期（民國七十年）。同期及第三期，該刊刊出客家人士多篇反駁文字，他們都非常火大，還扣我「共產黨」、「分化」的帽子。但後來卻有客家人士以我的主張，在美撰寫博士論文（此論文現已譯成中文在臺出版）。昨天，我的學生打電話告訴我，汪笨湖先生主持年代電視某節目，邀請南社社長曾貴海醫師及另一位客家人士（因不熟悉，姓名忘記了）做現場訪談。他們都自認客家是塞外民族。我和曾醫師很熟。這個消息，讓我聽得心花怒放。巧的是三民書局《老臺灣》一書供不應求，因重刷多次圖版已經模糊，一週前寄來新排校樣。我因自五月以來頭腦如同著了孫悟空的金箍，未能一氣校完，繞得有機會在寫這第二版序言之前，聽到我的學生報告好消息。這第二版，被刪的有關客家文字，當然原就復原補入了。

　　第七章〈起義〉，第二版未補入。理由是，一旦有《臺灣革命史》這樣一本專書出版，第七章就無多大意義了。但第七章關連著本書附錄那一篇文字。荷蘭人對付郭懷一的革命伙伴，非常殘酷。我當時選錄周教授這篇譯文，是要讀者對照，鄭成功對待荷蘭人的和善。第七章刪除後，效果似乎適得其反。這一點，這裏特附一語。

陳冠學　識

民國九十二年八月五日

【自 序】

　　這本《老臺灣》之寫作，蓄意多年，至本年四、五月間方纔得了心願，約費時四、五十天，寫成七章，第八章因故未續成。三民書局總經理慨允出版，蘇編審勒定前六章為完帙，編入東大叢書。二位鼎力，實深感銘。好友林曙光先生、鄭穗影先生，供給史料，關注最為殷切，當永誌不忘。

陳冠學　識

一九八一年九月三日於鳳山鳥松

老臺灣 contents

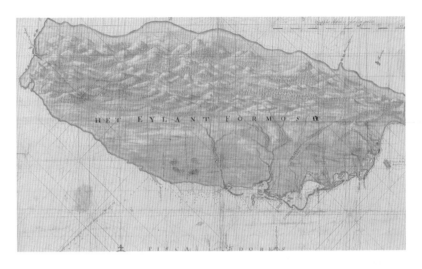

第一章

有史以來

　　據地質學家的測定，臺灣由海中褶曲隆起成為海島，是在古生代的晚期，即在二億二千萬年以前；那時華中、華南還是一片汪洋的大海。這樣看來，臺灣自出生以來，便是個大海洋中的弄潮兒，四無依傍，屹立在大東海（包括華中）、大南海（包括華南）外，面對無邊無際的太平洋。

　　當中生代，華中、華南自海中升起，形成現時的大陸，臺灣也第一次和大陸接連。自後時分時合，滄海桑田，只有仙人麻姑纔能記得清。最後一次的分離，地質學家的測定，是在五千四百多年前，差不多已快進入臺灣的有史時代。

臺灣 (Shutterstock)

　　臺灣的有史之初，應追溯到夏代。《詩經・商頌・長發》篇有「相土烈烈，海外有截」的記載。相土是商朝始祖契之孫，年代當夏禹的孫大甲，約西元前二千一百年左右。夏是北方胡族，商是南方蠻族，周是西方戎族。當夏禹在中原建立夏王朝時，契在南方也建有一個商王朝。契卒，子昭明立。昭明卒，子相土立。相土是個雄才大略的王，武功遠及海外。這個海外，當然就是指的臺灣，因為在南方海外，足以配相土記功業的大島，只有臺灣。這是臺灣進入文字記載的起始。後來商王朝節節北侵，舊史上記載自契至湯八遷，正是商王朝向北進入中原奪取夏王朝地盤的實錄。再後周朝東侵，奪取商王朝的地盤，其情形跟商朝當初如出一轍。這是題外話，可是若不隨文理一理，讀者也許格於舊史，不能了解。自商王朝北遷以後，臺灣的情形，無可徵知。直到春秋末，纔又有了記載。

　　《左傳》哀公二十二年載：

　　越滅吳，請使吳王居甬東。

杜預注：

甬東，越地，會稽句章縣東，海中洲也。

按甬字是借用的字，本字應該是涌。涌東是越國版圖，在海外，這當然是臺灣。第一、吳、越都是子姓，也就是說，同是契所建立的商王朝的後代。越該是商王朝的本部，吳是其北侵的第二部。第二、涌即有名的暖流黑潮，俗稱黑水溝。按黑潮主流經臺灣之東北去，支流自恆春七星岩向北分為二支：一支流經澎湖之西，廣約八十餘里，水黑如墨，名為大洋；一支流經澎湖之東，廣也約八十餘里，名叫小洋。小洋水比大洋更黑，其深無底。大洋風靜時尚可寄椗，小洋則不可寄椗；其險過於大洋。這種澎湃的海流，古人叫涌；閩南語現時還是叫涌。臺灣正在涌之東，故稱涌東；可見此時臺灣還沒有正式名稱。而越國版圖居然跨海到了臺灣。大概自相土征服過以後，一直隸屬商朝的版圖。越是商本部，故一直領有臺灣。後來越亡於楚，不難想像臺灣對於越的逃亡者有多重要。

　　《史記・東越列傳》載：

（漢）兵未踰嶺，閩越王郢發兵距險。其弟餘善乃與相、宗族謀，曰：「王以擅發兵擊南越，不請，故天子兵來誅。

> 今漢兵眾強，今即幸勝之，後來益多，終滅國而止。今殺
> 王以謝天子，天子聽，罷兵，固一國完；不聽，乃力戰，
> 不勝，即亡入海。」皆曰：「善！」

可見楚滅越時，越人曾逃亡臺灣，這次漢兵侵閩越，越人再度
想到臺灣。由此推想，臺灣自相土時起即有商人居住，到楚滅
越時，有大量越人湧到臺灣。地下發掘，若能得其處所，必定
有遺物可資證明。

　　自楚滅越，越人亡走臺灣的人數甚可觀。《越絕書》載：

> 秦始皇以其三十七年，東遊至會稽，……以正月甲戌到大
> 越……因徙天下有罪過吏民，置南海故大越處，以備東海
> 外越。

東海外越，自然是指逃亡在臺灣的越人，其人數若不是相當可
觀，秦始皇就不必謫罪犯以備之了。後來秦亡，在臺灣的越人
似乎全都回到閩、浙來，據《史記‧南越列傳》南越王趙佗的
話「閩越千人眾，號稱王」，是回來的總人數大約有一千多人。
當時亡國竄入山中為山越，南走為南越的大概為大部分。甚者

也許有走至廣西、越南，為駱越的。後來南越反，東越願出八千人隨漢軍南征，人數自是不少。司馬遷在〈東越列傳贊〉中說：

越雖蠻夷，其先豈嘗有大功於民哉！何其久也！

事實上百越是商王朝的本部後裔，當時大陸有三個王朝，一是夏王朝，二是商王朝，三是楚王朝，都是有很深遠的淵源的，司馬遷從史家的見解上也覺察了出來。

臺灣雖迭經捲入大陸歷史中，一向都沒有詳細記載的文字，首次作詳細記載的，要推三國東吳臨海郡太守沈瑩的《臨海水土志》。此書今已失傳，各條分別收錄在《太平御覽》一書中，其夷州部分，有如下的記載：

夷州在臨海東南，去郡二千里，土地無雪霜，草木不死，四面是山，眾山夷所居。山頂有越王射的正白，乃是石也。此夷各號為王，分畫土地人民，各自別異。人皆髡頭穿耳；女人不穿耳。作室居，種荊為蕃障。土地饒沃，既生五穀，又多魚肉。舅姑子婦男女臥息共一大床，交會之時，各不相避。能作細布，亦作斑文布，刻畫其內，有文章以為飾

好也。其地亦出銅鐵，唯用鹿觡矛以戰鬥耳。磨礪青石以
作矢鏃、刀斧、鐶貫、珠璫。飲食不潔，取生魚肉，雜貯
大器中以滷之，歷日月乃啖食之，以為上餚。呼民人為彌
麟。如有所召，取大空材十餘丈，以著中庭，又以大杵旁
椿之，聞四、五里如鼓。民人聞之，皆往馳赴會。飲食皆
踞相對，鑿木作器如豬槽狀，以魚腥肉臊安中，十十五五
共食之。以粟為酒，木槽貯之，用大竹筒長七寸許飲之。
歌似犬嗥，以相娛樂。得人頭，斫去腦，駁其面肉，取犬
毛染之，以作鬢眉髮，編貝齒作口，出戰臨鬥時用之，如
假面狀，此是夷王所服。戰得頭，著首還，中庭建一大材
高十餘丈，以所得頭，差次掛之，歷年不下，彰示其功。
又甲家有女，乙家有男，仍委父母往就之居，與作夫妻，
同牢而食。女已嫁皆缺去前上一齒。

這個夷州學者間已公認為臺灣，無論方位、氣候、地形、物產、
人民、風俗、古蹟，無一不符。文中「山頂有越王射的正白」，
也與臺灣為越國版圖之事實相符。新近經衛聚賢氏查考，查出
越王射的，乃是玉山山頭。《淡水廳志》卷十三〈古蹟考〉載：

玉山 (Shutterstock)

玉山，在貓裏溪頭山後萬山中，晴霽乃見，峰巖峭拔，疊石如銀。

正是越王的箭靶的傳說根據。

　　直到晉代，臺灣仍是越人的地盤（據後文所引史料是徐福童男童女之後）。張華的《博物志》載：

　　東越通海，處南北尾閭之間。

這裏的東越，就是秦時的東海外越的簡稱。東越在海的那一邊

（東越通海），位置在南北尾閭的中間。按尾閭是一個很古的名詞。古人眼看著大陸上百川東注，一年間多少量的水入海，而海卻不滿不溢，因以為在海的東邊，有個極大極深的洞，為海洋的尾巴，成為海水總匯的後門；這個尾巴後門（尾閭）的下面有九塊被后羿射下來的太陽屍體的大石，合起來連成一大塊，方圓四萬里，熱滾滾的，海水落進尾閭，掉在那大熱石上，立即被蒸化。那大石，便叫沃焦。就因著這樣的緣故，海水不滿不溢，而百川之水保持著循環不竭。大約這是戰國時代的人關於水量問題的物理解釋。不過尾閭的說法，是有事實激發他們的想像力的。臺灣海峽上，有兩條水溫流向各各相反的海流，一如上述一條是北向的黑潮暖流，另有一條是循著大陸沿岸南下的寒流。戰國時人只注意到運動強烈的黑潮，到了晉代，人們似乎又注意到了另一條寒流。人們先時將海不滿的理由歸給黑潮向尾閭的瀉落，此時又加上寒流的向南瀉，遂產生南北兩個尾閭的新說法。臺灣正處於南北尾閭之間。

《後漢書》似乎有些新的記錄，〈東夷列傳〉載：

黑潮

會稽海外有東鯷人，分為二十餘國。又有夷洲、澶洲。傳
言秦始皇遣方士徐福將童男女數千人入海，求蓬萊神仙不
得。徐福畏誅不敢還，遂止此洲，世世相承有數萬家，人
民時至會稽市。會稽東冶縣人有入海行，遭風流移至澶洲
者，所在絕遠，不可往來。

同在會稽海外，應該是同一個角落，大概東鯷是北臺灣，夷洲是中臺灣，澶洲是南臺灣。三百多年前荷蘭人連少挺(Linschoten) 所繪兩幅地圖即誤分臺灣為三個島，東漢人也可能誤分。東漢武功稍差，海外經營一時萎縮，只有民間漁戶近海作業，漁戶偶一遇風，漂流臺澎，回來誇說所在絕遠（《臨海水土志》：「去郡二千里」），也是情理之常，否則當地人常常到會稽來做買賣，會稽東冶縣人遭風漂流到澶洲，又能回來，怎能說是絕遠呢？當地人說是徐福帶去童男童女的後代，《太平御覽》卷七八二，引《外國記》說：

> 周詳汎海落紵嶼，上多紵（臺灣盛產瓊麻，即龍舌蘭，為上等紵材）。有三千餘眾，云是徐福童男女之後，風俗似吳人。

紵嶼大概是夷洲或澶洲的別名，人數只有三千餘眾，這個數目比數萬家更合理。若是數萬家結集在一起，儼然是一個大都會，後來荷蘭據臺，不至沒有一點點兒記載。這裏的人，風俗似吳人，那是有理由的。當年徐福徵數千童男女入海，必定是習水性的越人，水手更是非越人不可，而其出航港口，也可確定在

閩越海岸。徐福一出海，遇見的海中陸地，第一站必然是澎湖，而澎湖地瘠又狹小；第二站便是臺灣，徐福既畏回去被誅，便帶了那一批越人在臺灣落腳生根。吳、越本同為商王朝後裔，故其風俗似吳人是很自然的。秦朝滅亡以後，原先亡國走臺的越人悉數回閩、浙，這一批人大概是全都留下來了。（據理推，應該全回閩、浙故土去了，我們在下文就這樣主張。）但是他們的子孫之中，也許有不少人陸陸續續回閩、浙居住的。因為臺灣地理上雖比閩、浙豐饒，但是土著野蠻，衝突摩擦時時難免，故陸陸續續回去的大概不少。也許三國吳人所見的人，大部分都是些罪犯與亡命之徒，假冒徐福帶去的人的子孫也未可知。此一事《三國志‧吳書》也有記載：

日本浮世繪：徐福渡海（歌川國芳繪）

> 亶州在海中，長老傳言：「秦始皇遣方士徐福將童男童女數
> 千人入海求蓬萊神山及仙藥，止此州不還。」世相承有數
> 萬家，其上人民時有至會稽貨市。會稽東冶縣人海行，有
> 遭風流移至亶州者。所在絕遠，卒不可得。

大概《後漢書》是抄襲《三國志》本段的文字。直到唐朝，蕭
德言等所撰的《括地志》還寫著：

> 亶州在東海中，秦始皇使徐福將童男女入海求仙人，止住
> 此洲，共數萬家。至今洲上人有至會稽市易者。

這一段話，語氣上似乎也是抄襲《三國志》，文中「至今」兩字
是順著《三國志》的原文說的，不是唐朝當時。此時前在臺灣
的越人大概早都已回閩、浙，也許只有一些亡命之徒、商人、
漁民而已。因為早在隋煬帝大業初年遣陳稜遠征臺灣，就沒有
中國人在臺灣的記錄。若那時臺灣仍有大批中國人，雖是征伐
的專錄，也該會附帶提到。可知《括地志》是抄錄《三國志·
吳書》的。

　　今日臺灣已因前代大量移民，海潮般一批批地湧來，前波

沒了後浪繼，犧牲了不知多少人的生命，花費了不知多少人畢
生的勞力，纔征服了遍地荊莽和野人，而成為東海外的一個寶
島。當年商王朝征服了臺灣，最多只能置一個都護一般的官司，
略予羈縻。因為那時商王朝正準備北上逐鹿中原，自然不以在
海隅的臺灣為意。後來越國被滅，逃亡臺灣者至多不過千人，
跟數十萬未開化的先住民比起來，人數上至為懸殊，絕對沒有
立足的機會，更不會有開拓全臺灣的可能。故一遇故土可返，
無不相攜棄臺灣而去。臺灣不過是越人的避難所而已。後來徐
福帶去的數千人，在秦亡後，大概也都跟了避楚的越人返回閩
浙。有的是罪犯、亡命之徒、漁民、商人，一些無舉足輕重的
海客。故臺灣一直沒能進入文明，得有翔實的文字歷史。只當
對岸的遠征軍跨海來討，纔能留下一些記錄。頭一次記錄就是
三國東吳沈瑩的《臨海水土志》中的夷州，第二次記錄是《隋
書‧流求國傳》，第三次是明朝陳第的《東番記》，在臺灣史料
上，都有同等的價值。

　　臺灣自本沒有名稱，《後漢書》將臺灣分為三部分，一名東
鯷，二名夷洲，三名澶洲；《外國記》叫紵嶼；《隋書》叫流求。
這流求一名，很教人誤會是現時叫做琉球的沖繩。但是我們從
〈流求國傳〉的記述，可明確地指定是臺灣不是沖繩。〈流求國

傳〉這樣寫著：

流求國，居海島之中，當建安郡東，水行五日而至。土多
山洞。其王姓歡斯氏，名渴剌兜，不知其由來有國代數也。
彼土人呼之為可老羊，妻曰多拔茶。所居曰波羅檀洞，塹
柵三重，環以流水，樹棘為藩。王所居舍，其大一十六間，
雕刻禽獸。多鬥鏤樹，似橘而葉密，條纖如髮，然下垂。
國有四五帥，統諸洞，洞有小王。往往有村，村有鳥了帥，
並以善戰者為之，自相樹立，理一村之事。男女皆以白紵
繩纏髮，從項後盤繞至額。其男子用鳥羽為冠，裝以珠貝，
飾以赤毛，形製不同。婦人以羅紋白布為帽，其形正方。
纖鬥鏤皮並雜色紵及雜毛以為衣，製裁不一。綴毛垂螺為
飾，雜色相間，下垂小貝，其聲如珮。綴鐺施釧，懸珠於
頸。纖藤為笠，飾以毛羽。有刀、矟、弓、箭、劍、鈹之
屬。其處少鐵，刃皆薄小，多以骨角輔助之。編紵為甲，
或用熊豹皮。王乘木獸，令左右輿之而行，導從不過數十
人。小王乘机，鏤為獸形。國人好相攻擊，人皆驍健善走，
難死而耐創。諸洞各為部隊，不相救助。兩陣相當，勇者
三五人出前跳噪，交言相罵，因相擊射。如其不勝，一軍

皆走，遣人致謝，即共和解。收取鬥死者，共聚而食之，仍以髑髏將向王所。王則賜之以冠，使為隊帥。無賦斂，有事則均稅。用刑亦無常准，皆臨事科決。犯罪皆斷於鳥了帥；不伏，則上請於王；王令臣下共議定之。獄無枷鎖，唯用繩縛。決死刑以鐵錐，大如筋，長尺餘，鑽頂而殺之。輕罪用杖。俗無文字，望月虧盈以記時節，候草藥枯以為年歲。人深目長鼻，頗類於胡，亦有小慧。無君臣上下之節，拜伏之禮。父子同牀而寢。男子拔去髭鬢，身上有毛之處皆亦除去。婦人以墨黥手，為蟲蛇之文。嫁娶以酒肴珠貝為聘，或男女相悅，便相匹偶。婦人產乳，必食子衣，產後以火自炙，令汗出，五日便平復。以木槽中暴海水為鹽，木汁為酢，釀米麴為酒，其味甚薄。食皆用手。偶得異味，先進尊者。凡有宴會，執酒者必待呼名而後飲。上王酒者，亦呼王名。銜杯共飲，頗同突厥。歌呼蹋蹄，一人唱，眾皆和，音頗哀怨。扶女子上膊，搖手而舞。其死者氣將絕，舉至庭，親賓哭泣相弔。浴其屍，以布帛纏之，裹以葦草，親土而殯，上不起墳。子為父者，數月不食肉。南境風俗少異，人有死者，邑里共食之。有熊羆豺狼，尤多豬雞，無牛羊驢馬。厥田良沃，先以火燒而引水灌之。

持一鍤，以石為刃，長尺餘，闊數寸，而墾之。土宜稻、
粱、床黍、麻、豆、赤豆、胡豆、黑豆等，木有楓、栝、
樟、松、梗、楠、杉、梓、竹、藤，果藥同於江表，風土
氣候與嶺南相類。俗事山海之神，祭以酒肴，鬥戰殺人，
便將所殺人祭其神。或依茂樹起小屋，或懸髑髏於樹上，
以箭射之，或累石繫幡以為神主。王之所居，壁下多聚髑
髏以為佳。人間門戶上必安獸頭骨角。大業元年，海師何
蠻等，每春秋二時，天清風靜，東望依希，似有煙霧之氣，
亦不知幾千里。三年，煬帝令羽騎尉朱寬入海求訪異俗，
何蠻言之，遂與蠻俱往，因到流求國。言不相通，掠一人
而返。明年，帝復令寬慰撫之，流求不從，寬取其布甲而
還。時倭國使來朝，見之曰：「此夷邪久國人所用也。」帝
遣武賁郎將陳稜，朝請大夫張鎮州率兵自義安浮海擊之。
至高華嶼，又東行二日至𪚰鼊嶼，又一日便至流求。初，
稜將南方諸國人從軍，有崑崙人頗解其語，遣人慰諭之，
流求不從，拒逆官軍。稜擊走之，進至其都，頻戰皆敗，
焚其宮室，虜其男女數千人，載軍實而還。自爾遂絕。

跟《臨海水土志》夷州一條所述一樣，〈流求國傳〉所寫的方

位、氣候、風土、人民，無一不與臺灣相符，而與沖繩不符。
且同書〈陳稜傳〉載：

> 後三歲，與朝請大夫張鎮周發東陽兵萬餘人，自義安汎海，
> 擊流求國，月餘而至。

陳稜帶的是東陽兵，東陽是浙江金華、東陽等地，若流求是沖
繩，從浙江出海更近，而陳稜卻帶著這些東陽兵南下到廣東潮
安一帶的義安纔放洋。這一點表示流求國是在浙江更南邊，從
義安出海較近（故《諸蕃志》、《文獻通考》，都說流求國在泉州
之東，不認為在建安郡之東）。但是陳稜的軍隊費了一個多月纔
到臺灣，這是候風耽擱了大部分的時間的緣故。當年彰化大里
杙人林爽文反清起革命，福康安帶了一大批精兵赴臺，9 月 19
日由廈門出海，卻到 11 月 1 日纔抵鹿港，在大擔候風候了一個
多月，真正的航程，是 10 月 28 日下午至 11 月 1 日早，兩三天
工夫而已，這可以了解陳稜費了一個多月纔到達臺灣的實情。
據民族學家說，《臨海水土志》所記夷州，《隋書》所記流求國，
乃是屬於印度尼西亞系統的文化，正合臺灣。
　　《隋書》以後臺灣史料又有一大段時間的空白，直到南宋

纔又有記錄。

樓鑰為汪大猷寫行狀,周必大為寫神道碑,其中有涉及澎湖、臺灣的事。〈汪大猷行狀〉(《攻媿集》卷八十八)有一段文字寫道:

四月起知泉州(乾道七年,西元一一七一年)。郡實瀕海,中有沙洲數萬畝,號平湖。忽為島夷號毗舍耶者奄至,盡刈所種。他日又登海岸殺略,擒四百餘人,殲其渠魁,餘分配諸部。初則每遇南風,遣戍為備,更迭勞擾。公即其地,造屋二百間,遣將分屯,軍民皆以為便,不敢犯境。

按這一段文字大意在表明毗舍耶島夷迭犯平湖,前任地方官只在南風起時纔遣戍為備,輪番防守。汪大猷到任,在平湖搭了二百間戍房,屯兵長期把守,可算得是有為的地方長官。文中的平湖, 就是現在的澎湖。「平」 字閩南話動詞叫 p'ê,和「彭」同音,故後來便寫做彭湖,再加三點水,便成現行的澎湖二字。澎湖島本身本來就有個海灣,看來像個平靜的湖,這是第一個「平湖」;再是澎湖島、白沙島、漁翁島,三個島環起來也成為一面平靜的湖,大概「平湖」是這樣得名的罷(因為

臺灣海峽在澎湖西東各挾著一條黑潮，海流驚人，故澎湖相對
地顯得是個平湖了）！在《隋書‧流求國傳》裏還記得有「自義
安浮海擊之。至高華嶼，又東行二日，至鼃鼊嶼，又一日便至
流求（臺灣）」的話，鼃鼊嶼正當澎湖的位置。大概澎湖島隋代
是叫鼃鼊嶼的。鼃鼊是閩南話，正字應寫做龜鱉。有一種大海
龜，看來既像龜又像鱉。閩南人只好給牠起個孿生名字叫龜鱉，
官方不知就裏，依語音便寫成鼃鼊兩個生字。澎湖在古代大概
是這種大海龜的棲息地，故有此名，是這樣大概不會錯。毗舍
耶，有人以為是臺灣野番，如連雅堂寫《臺灣通史》便這樣主

澎湖空拍 (Shutterstock)

張。但是學者間多認為毗舍耶是菲律賓的 Visaya 族，而非指臺灣。這個問題，留在下面再探討。

周必大的〈汪大猷神道碑〉（《文忠集》卷六十七），雖與樓鑰的行狀大略相同，卻有些新的東西。碑文載：

乾道七年……四月，起知泉州。海中大洲號平湖，邦人就植粟、麥、麻。有毗舍耶蠻，揚颿奄至，肌體漆黑，語言不通，種植皆為所獲。調兵逐捕，則入水持其舟而已。俘民為鄉導，劫掠近城赤嶼洲。於是春夏遣戍，秋暮始歸，勞費不貲。公即其地，造屋二百區，留屯水軍，蠻不復來。

第一，周必大寫出了毗舍耶蠻的形狀是「肌體漆黑」，這一點很可貴。第二，周必大又寫到「俘民為鄉導，劫掠近城赤嶼洲」，這一點也一樣極可貴。上文提過學者間多認毗舍耶在菲律賓，連雅堂主張即臺灣，但是沒提出證明。這裏周必大留下來的兩點重要線索，足夠定出是非。在我們定出毗舍耶是何地之前我們先再參看趙汝适的《諸蕃志》。

《諸蕃志》將流求國和毗舍耶分開，各自為一節，意思是流求國與毗舍耶為分別的兩個國。毗舍耶一節載著：

毗舍耶，語言不通，商販不及，袒裸盱睢，殆畜類也。泉
有海島曰彭湖，隸晉江縣，與其國密邇，煙火相望，時至
寇掠。其來不測，多罹生噉之害，居民苦之。淳熙間，國
之酋豪，嘗率數百輩，猝至泉之水澳、圍頭等村，恣行兇
暴。戕人無數，淫其婦女，已而殺之。喜鐵器及匙筯，人
閉戶則免，但刲其門圈而去。擲以匙筯則俯拾之，可緩數
步。官軍擒捕，見鐵騎則競刲其甲，駢首就戮而不知悔。
臨敵用標鎗，繫繩十餘丈為操縱，蓋愛其鐵不忍棄也。不
駕舟楫，惟以竹筏從事，可摺疊如屏風，急則群舁之泅水
而遁。

而流求國一節末尾載道：

旁有毗舍耶、談馬顏等國。

流求國是臺灣西海岸，和澎湖相對之地，大概在北港一帶。毗
舍耶既近澎湖，又近北港，其侵澎湖又要趁南風，則其方位是
可以定出來的。有人說《諸蕃志》本書已失傳，現在看到的是
《永樂大典》所引蕃字韻這一部分，可能經《永樂大典》的編

纂們改竄過。我們以為這種耽心是多餘的，因為我們不必改動現傳南宋有關這一事的任何記錄文字，就可講得熨熨貼貼。只因為這是事實，故沒有一點兒齟齬。菲律賓有現存的毗舍耶族，這是一件事。臺灣曾經有過毗舍耶族，這又是一件事。東港海外有個島，叫小琉球，從前是烏鬼番蟠據之地，父老代代相傳，至今還能娓娓道說。現時烏鬼洞還在，成為小琉球的名勝之一。當年在乾道年間肆掠澎湖，淳熙年間侵犯泉州水澳、圍頭，漳州漳浦一帶的毗舍耶番，周必大記下他們的膚色是「肌體漆黑」，一點兒不錯。據說當年紅毛番商船在南臺灣海峽被這些烏鬼番鑿沉了不少。父老說烏鬼番水性極端的好，在海底可潛上一個時辰，不必浮出水面換氣，他們頷下長了和魚一樣的鰓。他們鑿沉過往的商船，劫取貨物。南風一起，駛了竹筏，當年的澎湖（因已有中國移民）以及現在安平一帶（赤嵌社），是他們打劫的最好目標。他們在澎湖俘了漢人，然後用漢人做幌子，招搖到赤嵌（那時赤嵌還是海中的一個孤島）。居住在赤嵌的那些溫和的馬來種人，見了漢人，只謂來做買賣，等到一上岸，卻是烏鬼。人們只有逃的份，誰還敢抵擋。周必大文中寫的「俘民為鄉導，劫掠近城赤嶼洲」，就是安平對岸（隔著臺江）的赤嵌。據說烏鬼番惹怒了紅毛番，被找到了巢穴，盡都被薰死在

烏鬼洞裏，在三百年前絕滅了，現在臺灣沒有毗舍耶是很自然的。毗舍耶和談馬顏二國，都既近澎湖，又近北港。毗舍耶已經揭明，談馬顏也不難尋出。恆春一帶，土語叫沙馬磯，t 和 s，在口齒不伶俐的幼兒和野人，很難分別，隨著說者唇脗的輕重通塞，可發做 samaki，也可發做 tamagi。發做 samaki，便音譯為沙馬磯；發做 tamagi，便音譯做談馬顏了。在十九世紀中葉，恆春一帶，還曾經有過一個王國呢！

據上文知道，到南宋時澎湖確已有中國移民。澎湖的中國移民大概很早，因為澎湖群島土地貧瘠，又兼有鹹風，種作不易，似乎沒有土番，中國移民可以自由居住，不必與土番擁擠，而起摩擦。澎湖良文港曾經發現史前遺跡，這表示著先史時代，澎湖已有大陸來的移住者。算起來是很早的了。樓鑰和周必大文中指明移民是來澎湖種植耕作的，大概是誤會。起先的移民應該是些漁戶，只就龜鼈島的名稱，就知道澎湖是怎樣的一個好漁場了。

有人說，蒙古南下，北滅金，南滅宋，都有一部分人逃到臺灣。比照楚滅越，越的一部分人逃到臺灣，蒙古滅南宋，有一部分人逃到臺灣是一定的。但是說金人也有逃到臺灣的，一般人是很難接受的。可是《臺灣通史》便有如下的說法：

蒙古倔起，侵滅女真，金人泛海避亂，漂入臺灣。宋末零
丁洋之敗，殘兵義士亦有至者。故各為部落，自耕自贍，
同族相扶，以資捍衛。

我們提不出理由反對「漂入」兩字，只好存疑。

　　元朝征日本遇風失敗，想征臺灣以為牽制。頭一次征臺是
在世祖至元二十九年，軍不至臺灣而還。第二次是成宗大德元
年，因係小規模的軍事行動，只俘虜到一百三十餘人，沒什麼
結果。順帝時，有個馬可波羅型的人物，叫汪大淵，附搭海舶，
遠遊南洋及印度洋諸國，就其見聞寫成《島夷誌略》一書。關
於臺灣、澎湖，有一些親歷的記錄。澎湖一節寫道：

彭湖，島分三十有六，巨細相間，坡壟相望，乃有七澳居
其間，各得其名。自泉州順風二晝夜可至。有草無木，土
瘠不宜禾稻。泉人結茅為屋居之。氣候常暖，風俗朴野，
人多眉壽。男女穿長布衫，繫以土布。煮海為鹽，釀秫為
酒，採魚、蝦、螺、蛤以佐食。爇牛糞以爨，魚膏為油。
地產胡麻、綠豆。山羊之孳生，數萬為群，家以烙毛刻角
為記，晝夜不收，各遂其生育。工商興販，以樂其利。地

隸泉州晉江縣。

這是澎湖的頭一次翔實記錄。

關於臺灣，在琉球一節寫道：

琉球，地勢盤穹，林木合抱，山曰翠麓、曰重曼、曰斧頭、
曰大崎。大崎山極高峻，自彭湖望之甚近。余登此山，或
觀海潮之消長。夜半，則望暘谷之出日；紅光燭天，山頂
為之俱明。土闊田沃，宜稼穡。氣候漸暖。俗與彭湖差異。
水無舟楫，以筏濟之。男子、婦人拳髮，以花布為衫。煮
海水為鹽，釀蔗漿為酒。知番主酋長之尊，有父子骨肉之
義。他國之人，倘有所犯，則生割其肉以啖人，取其頭懸
木桿。地產砂金、黃豆、黍子、硫黃、黃蠟、鹿豹麂皮。
貿易之貨，用土珠、瑪瑙、金、珠、粗碗、處州磁器之屬。
海外諸國，蓋由此始。

這一節文字包含親歷和傳聞。文中提到自澎湖望得見的大
山叫大崎山，作者還親身登到山頂。按自澎湖望得見的臺灣大
山，據清代人的記錄，是臺灣五嶽的老么大武山，舊名傀儡山。

此山形似大雄雞冠（包括南北二座），薄薄的，陡起三千公尺，棱線之薄，直削之深，令人喪膽。據《臺灣百岳全集》一書載：北大武東側斷崖直削一千四百公尺；西側斷崖直削兩千六百公尺，僅比臺灣東部大斷崖最高處兩千八百公尺少兩百公尺，同為世界奇觀，但東部大斷崖卻沒有大武山獨領一方，壁立千里的視野；南側斷崖直削八百公尺，北側斷崖直削一千公尺；確是大削山。閩南語，陡坡叫崎，大陡坡便叫大崎，大武山號大崎山，再恰當不過。但是汪大淵說他曾經登此山觀海潮的消長，怕是有誤。此山是何等大山，焉可等閒？不說當日汪大淵絕對沒本領登大武山，那時生番遍地，只要離海口入內地，便有喪命之虞，怎能從容成其壯舉？大概汪大淵在澎湖望見的是大武山不錯，及至臺灣似乎認錯了目標，誤以瀕海之山為大武山，故纔能登山頂觀海潮，不然自大武山頂，怎看得清海潮的漲落呢？然而汪大淵登的是那座山呢？據汪大淵所登的山既高峻又瀕海兩個條件看，在中南部沿海中，只能找到一個高雄的壽山，再沒有別的山了。高雄的壽山，在元末時比現時要更高，這個我們在下一章中有詳細的討論，這裏暫時擱置。汪大淵文中提到的產物有砂金、硫黃，都是臺灣北部的物產，這是汪大淵得之傳聞，不是在臺灣西南部親目見到的。汪大淵沒有提到臺灣

金瓜石黃金瀑布 (Shutterstock)

陽明山小油坑 (Shutterstock)

有中國移民，他的文章本來就很簡短，又是專記島夷之事的，
自然不會提到移民；除非他所登陸之地有大量移民，否則他是
不會特意去提。

　　汪大淵的《島夷誌略》還有一節記毗舍耶的，可增廣對毗
舍耶的認識，迻錄於下：

　　毗舍耶，僻居海東之一隅，山平曠，田地少，不多種植。
　　氣候倍熱。俗尚虜掠。男女撮髻，以墨汁刺身。國無酋長，
　　地無出產，時常裹乾糧，棹小舟。遇外番，伏荒山窮谷無
　　人之境；遇捕魚採薪者，輒生擒以歸，鬻於他國，每一人
　　易金二兩重。蓋彼國之人，遞相仿傚，習以為業。故東洋
　　聞毗舍耶之名，皆畏而逃焉。

依此文所說，是小琉球的毗舍耶人，到了元末，因東西海運的
發達，成了人口販子，有點兒像販賣非洲黑奴的西班牙人了。
其「地無出產」，證明毗舍耶是小琉球，更無可疑。「東洋聞毗
舍耶之名，皆畏而逃焉」，也證明毗舍耶在東洋，不在南洋。因
此毗舍耶不在菲律賓，學者間所持毗舍耶在菲律賓的主張是立
不住腳了。

　　《元史》卷九十七中有瑠求一節，將流求改寫做瑠求，對臺澎本身都沒增加新的資料，倒是寫得很新鮮：

> 瑠求在南海之東，漳、泉、興、福四州界內。彭湖諸島與瑠求相對，亦素不通。天氣清明時，望之隱約，若烟若霧，其遠不知幾千里也。西南北岸皆水，至彭湖漸低；近瑠求則謂之落漈。漈者，水趨下而迴也。凡西岸漁舟至彭湖以下，遇颶風發作，漂流落漈，回者百一。瑠求在外夷最小而險者也。漢唐以來，史所不載。近代諸番市舶，不聞至其國者。

　　末後幾句話，說明了臺灣一向沒有中國移民的原由。因為「瑠求在外夷最小而險」，連「近代諸番市舶」都「不聞至其國」，泉州人當然不會獨有那份傻勁。其次戰國時代的人稱為尾閭的神話用語，元代人已因實際的經驗不再感興趣，他們據實說是「落漈」。《元史》關於這一點上的講法，可供我們了解戰國人海上神山那一套神祕兮兮的說法。神山說跟臺灣、澎湖大有關係，現在我們利用《元史》的觀念來解釋，自然不會再神祕了。

　　《史記・封禪書》載：

> 自威、宣、燕昭使人入海求蓬萊、方丈、瀛洲。此三神山者，其傳在渤海中，去人不遠；患且至，則船風引而去。蓋嘗有至者，諸仙人及不死之藥皆在焉。其物、禽獸盡白，而黃金、銀為宮闕。未至，望之如雲；及到，三神山反居水下；臨之，風輒引去，終莫能至云。

這是西漢以前人神山之說。有人主張蓬萊是日本，方丈是沖繩（即今琉球），瀛洲是臺灣。連雅堂寫《臺灣通史》，很贊同這種主張。但是這總是臆測，終無證明。我們以為既限於渤海之中，日本、琉球、臺灣都應無分。不過西漢以前人所知的渤海是否一如今日根據空中攝影繪製的地圖，攤開來界限一目了然呢？倒是留著很多可商量的餘地的。這一節話，在晉朝人偽造的《列子》一書裏，有更明白的描述。〈湯問〉第五篇載著：

> 渤海之東，不知幾億萬里，有大壑焉，實惟無底之谷，其下無底，名曰歸墟。八紘九野之水，天漢之流，莫不注之，而無增無減焉。其中有五山焉，一曰岱輿，二曰員嶠，三曰方壺，四曰瀛洲，五曰蓬萊。其山高下周旋三萬里，其頂平處九千里。山之中間相去七萬里，以為鄰居焉。其上

禽獸皆純縞，珠玕之樹皆叢生，華實皆有滋味，食之皆不
老不死。所居之人，皆仙聖之種，一日一夕飛相往來者，
不可數。而五山之根，無所連箸。常隨潮波，上下往還，
不得蹔峙焉。仙聖毒之，訴之於帝。帝恐流於西極，失群
聖之居，乃命禺彊，使巨鼇十五舉首而戴之，迭為三番，
六萬歲一交焉，五山始峙而不動。

按當年提出神山之說者，必定是住在渤海沿岸的人，他們當然
是由渤海岸出海的，因囿於對渤海大小的了解，不論航行多遠，
總以為在渤海中。他們在大海洋中發現蒼翠的島嶼，以為是神
山，回來便說是在渤海中。這些人不論他們是誰，總是燕齊人，
後來經燕齊方士的宣傳，神山說便傳開來了。西晉人在渤海中
實地勘察過，沒見有神山，只好推說在渤海東幾億萬里外。並
且再加上尾閭的觀念，於是寫成一段完整的文字。在《史記》
裏面神山只有三座，《列子》便多了兩座，把方丈改為方壺，外
加岱輿、員嶠，足成五神山。

　　本來神仙的住地，自有一定的理論，諸如四季如春，好花
常開，草木不凋，禽獸馴服，瓜果碩大，這是生活在華北地帶
的人，夢寐以求的天堂；種種條件，無非一種出塵（超出現世）

之想，而且一定與擾攘的人世遠遠隔離。由前一個條件，神山非在熱帶或副熱帶不可。由後一條件，神山非在人跡不到的海洋中不可。在整個大陸沿岸海外，符合這兩個條件的地方，自可屈指而數了。當然，除了臺灣和澎湖，還有那個地方配得？前文說過，三百年前荷蘭人連少挺親身到過臺灣，其所繪製的地圖，便將臺灣分成三個各別的島嶼。《後漢書》也將臺灣分為東鯷、夷洲、澶洲。周必大還記錄到赤嵌為獨立的赤嶼洲。連雅堂據《隋書‧流求國傳》，舉出「當隋之時，大安大甲兩溪匯合一流，濁水以北，猶巨海也」。凡此種種地理的大變遷，第二章將有詳說。不論《史記》是三座神山，或《列子》是五座神山，都出不了臺灣、澎湖的範圍。《史記》說：「未至，望之如雲；及到，三神山反居水下。」因地球是圓的，當船位到達可看到臺澎之位置時，船位正在最高點，臺澎都顯得在海水底下。這是主觀的感覺，沒有錯。船位若再向前移，此時便駛進黑潮的急流裏去。故《史記》又說：「臨之，風輒引去。」其實是海流引去，戰國時人不曉得，便說是風。如此船在正當看見臺澎時便被黑潮帶向北走，又走回渤海去，永遠也到達不了神山。神山若是日本，就不會有此事；若是沖繩（琉球），雖仍有黑潮，然力已稍弱；又沖繩緯度稍北，無熱帶景觀，故只合臺灣。

《列子》的作者則騁了想像力，神獸、神樹、飛仙，不一而足。但是關於黑潮卻不從船這面說，反去說神山被漂流。然後以優美的想像完成全文。神山的名稱總是人起的，若必定要確定臺澎的那裏是蓬萊，那裏是瀛洲，則不免膠柱鼓瑟了。有人說方壺是澎湖，古音幾乎相同，可能是巧合，可能是本真，也不必去推測了。到了元朝，臺澎在東海外，已是實實在在的島嶼，既沒有神也沒有仙，故《元史》只有實實在在地寫「落漈」，那尾閭或歸墟，神山或仙人，說了人們也不信了。

明朝一開國就將澎湖放棄，理由是澎湖的泉州人不服朱元璋的專制極權。洪武五年將澎湖大戶驅回大陸，徙置漳、泉間，而廢棄自元朝以來在澎湖設置的巡檢司，放棄了澎湖，澎湖遂成為日本海賊的淡水補給站。但漁戶仍然偷渡，澎湖漁業不但不衰，卻反而趨盛。到明朝中葉以後發展更速。

明初因日本海賊而實施海禁，也許徙澎湖之民回內地，一半是為了這一個理由。但是海禁一施行，本國商船停航，日本商船卻往來自如，而沿海姦豪與之交通，不僅海禁無實效，還造成姦豪與倭寇交結，變成海賊，自此海上就多事了。這些海賊多以臺澎為根據地，成為近代臺灣史的開史人物。

在沿海繼起的海賊中，與臺灣最早發生關係的，據臺灣各

志書的記載，是林道乾（民間叫林大乾）。至今林道乾還是臺灣近代史上第一號的傳奇人物。他是臺灣海峽的七海魔王，當他在澎湖港內被俞大猷圍剿，突圍逃到臺灣，還登陸打鼓山（今高雄）殺了千餘個土番，逼使餘番逃往阿緱（今屏東）。據民間傳說，他曾在高雄鼓山上埋下十八荷籃的白銀，殺了他的親小妹，令她的陰魂永遠守護著那一大堆財寶，不教別人拿走。

到了萬曆初年至中葉，明廷漸漸有人認清澎湖地位之重要。萬曆二十年日本侵略朝鮮，據情報日本可能出兵侵犯雞籠（基隆）和淡水。雞籠極近澎湖，於是始議在澎湖戍兵，二十五年遂在澎湖增設遊兵。是明廷已認清澎湖在海防上的重要，重新撿了回去。可是明廷一直將臺灣當外國，故腦子裏一直沒有臺灣。澎湖既經設戍，臺灣遂成了海賊的巢穴，走私販子的會合地。

但是明廷在澎湖設戍是每年以清明前十日為期，駐留三個月，稱為春汛；以霜降前為期駐留二個月，稱為冬汛。沒有駐兵期間，澎湖便有如空島，無半點防衛。萬曆三十二年荷蘭人在春汛已撤之後進佔澎湖，因要求通商未遂，五個月後始撤離。天啟二年六月（西曆 1622 年 7 月），荷蘭人再度在春汛已撤之後進佔澎湖，並派艦在漳州海面劫捕中國漁民，在澎湖築城。

據荷蘭文獻記載，當時被捕到澎湖從事築城的漁民，或因饑餓、或受虐待而慘死者一千多人；完工後被解往班塔賣作奴隸者四、五千人。荷蘭人向福建巡撫商周祚要求通商，商周祚叫他們撤出澎湖，回巴達維亞去，或轉往臺灣本島才肯派商船去和他們通商。但荷蘭人仍不肯撤去。新任巡撫南居益遂出兵攻澎湖，兵力自四千人增至萬人。而守城荷兵，只有五百五十人，其中未成年者一百十一人，病人多數，眾寡懸殊，勝負不難預料。荷蘭人不得已遂於天啟四年七月（西曆 1624 年 8 月）拆毀城堡，撤離澎湖，轉佔臺灣。計佔據澎湖整整兩年。明廷只認澎湖是領土，認臺灣是番國，只要荷蘭人撤出澎湖，佔據臺灣，與本國不相干。因了這樣的觀念，臺灣就落入荷蘭人之手。

　　荷蘭人入據臺灣之初，臺灣北、中、南部早已有漢移民。其中以中部的北港（明代稱魍港，清代寫做笨港；荷蘭人以內港為笨港，外港為魍港）為最早。宋人所稱的流求，即指的北港一帶。清初時曾在北港發現宋錢和宋甌（往往加語尾叫甌仔，音 tâng-à。淺者為壺，直者為罐，深者為甌），雖不能據此斷定宋代已有漢人移居，至少可以說有漢人移居的可能性。張燮在其所著《東西洋考》雞籠淡水一節載：「嘉靖末（約十六世紀六十年代），忽有中國漁者從魍港漂至，遂往以為常。」可見北港

早有漢人落戶，大概至少已有小部落。萬曆元年（1573年），
海賊林鳳在閩海上戰敗，便退據北港。天啟四年八月（西曆
1624年9月），顏思齊在日本謀起事，事洩，率黨徒走臺灣，
就為北港已有漢人，遂選為目標，在北港登陸築寨，一時漳泉
無業之民先後來附，眾至三千人。

　　淡水、雞籠之有漢人足跡，如上段所引張燮《東西洋考》
所載，是因為北港中國漁人偶然被風漂到，其後便陸續有漢人
往來貿易。1626年西班牙人初據社寮島（和平島），便見基隆
港口對岸有漢人的部落一所，而本世紀前這裏還是沒半個漢人
影子的。

　　南部之有漢移民，大概也不會晚。荷蘭澎湖司令官雷爾生
(Cornelis Reijersen) 於1622年7月27日親自率領兩條船來臺
灣探勘港口，午後到達安平，不滿意，下午南下。次日在距離
安平五、六十公里處，發現一個島嶼，其航海日記載著：

該島一見頗為肥沃，生長甚多椰子及其他樹林，又有耕地，
但不見有人。欲率兵士數人登陸，漢人通譯未肯同行，謂
島上有四百以上兇悍之食人族居住。……三年前有漢人百
餘被害。

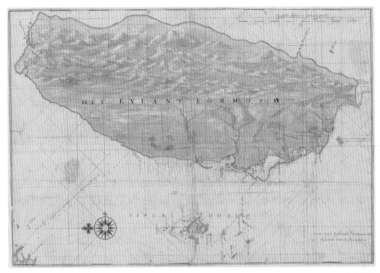

1640 年福爾摩沙地圖（荷蘭人繪）

1622 年的三年前，也就是 1619 年，可見南部早有漢人往來，甚者移居落戶的了。日本學者村上直次郎認為該食人島即是東港海外的小琉球。後來 1636 年夏，荷蘭人從安平出兵遠征該島，殺死土人三百多人，俘虜男女老幼五百五十四人為奴隸，遷往安平對岸的赤嵌與新港（今新市以西）服役。後有漢人向荷蘭人租借該島，從事墾殖。荷蘭人所以滅小琉球，是土人殺害了荷蘭船金獅子號的船員，這正與父老傳說相符。

荷蘭臺灣探勘隊於 7 月 30 日回到安平。航海日記寫著：

七月三十日，星期六，天明入港，發現港內最平潮時，水深十二呎，滿潮時，可達十五呎乃至十六呎。海岸多砂丘，有叢林散佈各處，島內高處，可見有樹木及竹林，但是不易得之。如獲材料，港口南側，適於築城。若此地有城，船舶必難入港。此港為日人貿易之地，每年有日船二三艘來此。據漢人言，此地鹿皮甚多，日人向土人購之。又每年有中國沙船二三艘，載運綢緞織物，來此與日人交易。我等不見有人，唯有魚船一艘，但不能與語。

據此可知，荷人入據安平以前，安平內港之臺江，已為中日二國商人交易中心。

1624 年 2 月 16 日，《巴達維亞日記》記載雷爾生在安平南角著手建築臨時堡壘，土人（新港社人）對於荷蘭人最初表示非常好意，幫助荷蘭人伐竹或採其他必需品。後來受了漢人的煽動，態度一變，殺害派往取竹的荷蘭兵三人。此時堡壘附近已經有定住著若干的中國移民了。

1625 年 4 月 9 日《巴達維亞日記》更有如下的記載：

漢人對於我們來福爾摩莎，並不喜悅。他們在煽動土人。

> 這是因為他們恐懼我們去阻礙他們的鹿皮鹿肉和魚類的貿
> 易。據說，鹿皮每年有二十萬張，鹿脯和魚乾很多，可供
> 給相當的數量。從中國，每年約有一百艘戎克船進大員灣
> （即安平大港），從事漁業，並購買鹿脯，運至中國。這戎
> 克船上載有很多要購買鹿皮和鹿肉的漢人進入內地。

可知泉、漳一帶，深入臺灣內地的人及來臺船隻已多。

　　1626 年西班牙人繪製的〈荷蘭人臺灣港口圖〉中，赤嵌畫
有漢人的漁寮六所。又在北線尾的對岸畫著日本人的臨時建築
三所，下面有注解說：

> 有中國人五○○○名，日本人一六○名居住其地。

　　荷蘭人據臺以後，從大陸上載運漢人來臺，積極獎勵移民
從事墾拓。1631 年 4 月 2 日，《巴達維亞日記》載著：

> 公司以船舶載運中國人一千七百零八人來臺；還有千餘人
> 要求搭船，因為沒有餘地，不能運送，長官覺得如果中國
> 人有用，還可以考慮再派一、二條船舶。

　　明末崇禎十三年（西曆 1640 年），福建大旱。翌年，鄭芝龍運饑民數萬人，移居臺灣，人給銀三兩，三人給牛一頭。

　　1641 年 3 月，荷蘭商務員威雪凌 (Merten Wesseling) 到卑南覓（Pimaba，即今之臺東地區）等地探查金礦，發現有中國移民在該地和土人交易。

　　1648 年，淡水方面也有中國移民，自力輸進耕牛，熱心地在該地方從事耕作。

　　其後移民劇增，最大的原因，是中國的動亂。法人 Camille Imbault-Huart 在其所著《臺灣島的歷史與地誌》中說得好：

　　內戰造成的困苦以及對韃靼人的恐懼，驅使盈千累萬的中

　　國人離開家園。

1644 年清軍入關，臺灣的漢人，據學者間的統計，已有三萬戶，十萬人。1646 年鄭芝龍降清，鄭成功起義，戰火延及東南沿岸，民生凋弊，大量逃出海外。及至鄭成功定臺，據統計，1666 年移民人口，軍民共計有二十萬人。

　　自 1662 年鄭成功驅逐了荷蘭人，臺灣遂正式成為漢人的國土（國土兩字讀如國度二音）。當年鄭成功北伐金陵，若非連戰

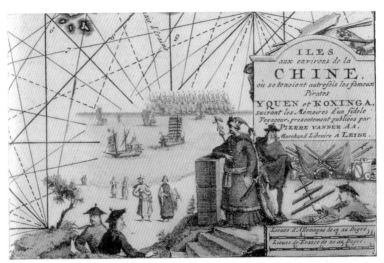

歐洲畫家筆下的鄭芝龍

連捷，過分驕怠，而終歸失敗，否則收復中原以後，還是會將荷蘭人驅逐出臺灣的。臺灣之將成為漢移民的新天地，那是自然之勢。但是鄭氏三代，延平失策於南京；鄭經庸碌，未能連三藩以復故土；到了第三代幸而出了一個精明幹練的鄭克𡒉，卻因政爭而被毒死，繼位的是一個無知的幼主，而外戚弄權，臺灣遂不幸落入異族的魔掌。雖有志士仁人，前仆後繼，起而爭取自由自主，無奈大漢裔胤，甘心走狗，僅少追求自由自主的移民，又能有多少力氣可回天呢？以後是移民和土著共同的苦難日子，寫來鼻酸目熱，限於篇幅，本章就只寫到這裏。

第二章

滄海桑田

　　仙女麻姑是大家所熟知的，人看來只有十八、九歲模樣，

問她年紀有多大，說是已見過東海六次變成桑田，也記不清有

多少歲數了。這樣看來麻姑是有幾千萬歲，甚至超過億歲的了。

因為滄海要變成桑田，雖然有時只要地殼有變動，不必要待很

長久的時間，但是一般說來，總要待上千萬年的時間的。麻姑

雖是神仙故事，可知古人已有地殼變動的智識。這智識是怎麼

來的呢？是出於親身的經驗呢？還是自古相傳而來的呢？大概

兩者都有。臺灣和大陸最後一次分離，前章已說過，地質學家

麻姑獻壽

推測是在五千四百多年前。這一次是桑田變成滄海,大概正當伏羲時代,這是當時人永遠不能忘記的一件大事,世世相傳,成為一種歷史智識。可是即在後世,地殼變動的事也是屢見不鮮的。在沿海地區,浮浮沉沉,知有多少?臺灣民間流行著一句話:「沉東京,浮福建。」意思是說臺灣(福建這裏是指臺灣)原先是在海底下的,由於東京的下沉,相對地纔浮出海面來。在舊書上似乎沒看到有所謂東京沉沒的記載,但是父老言之鑿鑿,說當海平浪靜時,在臺灣海峽再過去的地方還依稀可看見沉在海底下的東京城。東京城是真有其地呢?或是好事者所捏造的呢?還有待海底探勘家們的實地查證。也許真有那麼一個東洋的亞特蘭城也說不定,因為澎湖虎井嶼也有個較小的海底沉城。不問有無東京城,總之有那麼一天,臺灣是真的誕生在太平洋的西緣上了(在當年應算是太平洋西域)。誕生之初的臺灣是一個什麼模樣的嬰兒呢?

臺灣初出海面當時的樣子是不難想像的,在太平洋西域一夜之間冒出了一座高聳雲霄的大山岳(地質學的解釋是海底噴火時將原始岩石向上鼓起而形成),壯麗雄偉,像一列擎天的天柱。群峰高度,至少有五千公尺,也許有六千公尺、七千公尺,甚至八千公尺,而最高的山,也未必就是玉山。有一天,老天

發現臺灣未免太高，居然和世界屋脊的崑崙遙遙對峙，於是由於一次下陷，而成為不及現狀的高度。但是老天總是懷念臺灣先時那十足壯麗雄偉的氣象，不免覺得遺憾，於是又由於一次上升，而成為超過現狀的高度。其後由於自然力的長期變動，因沖積而產生平原，而高山由於剝落，稍微縮低，其中最大的變化，無過玉山因之高出了儕輩，成為東亞第一高峰。

　　平原的產生是極近期的事，如上章所引三國東吳沈瑩所著《臨海水土志》對臺灣的描述「土地無雪霜，草木不死，四面是山，眾山夷所居」，臺灣四周都是山，沒有平地，故居民稱為山夷，地稱夷州。按《後漢書·東夷列傳》注引文「四面是山」寫做「四面是山溪」，有「溪」便多少有些平地在山外了。《太平寰宇記》臨海縣一條寫做「夷州，四面是溪」，又沒有山字，如此則居民應稱溪夷了。依文法推，大概原文作「四面是山」無疑，和上句「草木不死」都是四字句，寫做「四面是山溪」，音節上多出一個音節，不順口，故《太平寰宇記》刪棄山字，恢復四字句的音節。溪字大概是《後漢書》注解者所增。《後漢書》是唐章懷太子李賢及其門下所注，去沈瑩著《臨海水土志》，約四百年，這時臺灣西部沖積地應略有增進，故因據唐人所見增一溪字。《太平寰宇記》是宋人所撰，此時沖積地又有增

進，故當其依文法刪去一個音節時，遂棄山存溪，成為「四面是溪」，卻沒顧慮到下句「眾山夷所居」的山字。但是這一個文字增減的演變，卻無形中給臺灣西部嘉南平原之形成做了一個階段性的記錄。三國時代臺灣雖還沒有現在嘉南平原這樣大的平地，但山谷間，山腳下，也不是全然沒有沖積地的。《臨海水土志》還有如下的記載：

　　此夷各號為王，分畫土地人民，各自別異。

臺灣地形分區圖

又載：

　　土地饒沃，既生五穀，又多魚肉。

土地饒沃，證明是沖積所成；又多魚肉，證明所居臨海。由此
可知其時群山直接伸到海邊，山谷間山腳下僅有少數沖積而已。
五千四百多年前臺灣海峽陸沉時，是直沉到西部群山山腳下的。
據近世紀以來，臺灣西部出土犀牛、劍齒象、野牛、普通象、
劍虎、野豬、古鹿等大型哺乳類動物的化石看（約八十萬年至
二百萬年前），其地點都在山區邊緣的山崎地帶之上，更可證
明，從前在臺灣西部平原，及閩臺走廊上優遊著的這一批太古
動物，其埋骨地如今大部分已沉沒在臺灣海峽之下，少部分已
為嘉南等平原厚厚的沖積層所掩蓋。
　　據地質學家考察，臺灣島自誕生以後，有幾次小幅度的浮
沉，最後的浮起，至今留下了珊瑚蟲在島上表面造成的珊瑚礁。
這種珊瑚蟲的遺留物，現在還可以在二千呎的高處發現。許多
遊客在各處山上都看見過這種珊瑚礁，且見有已退化的沙蟹，
當年是浴在海水的浪潮中的，今日卻隱蔽地生活在山上的老礁
石中，變成了旱蟹。在臺灣島最後一次浮起時，現時的臺北盆

淡水八里出海口 (Shutterstock)

地因為盛滿了海水，成為一面鹹水湖。若不是由於一次強烈的
地震，使大屯山南伸關渡的支脈裂了口，讓這一面大鹹水湖的
水瘋狂地奔瀉入海，沖出現在的淡水河，至今臺北盆地將依然
是一面寧靜的湖，今日臺北的繁華與擁擠將是不可能有的事了。

　　臺灣島自從誕生以來，本身的種種變動，一直沒停止過。
對於各部分詳細的了解，還有待地質學家的努力。但是有史以
來的記錄，卻可部分地供給我們了解近代臺灣的地形變遷。如
《後漢書》將臺灣分為三個海中洲；南宋周必大記錄到現在的
臺南市，當年還是個海中孤島；而元末汪大淵的《島夷誌略》，
在上一章中留下來的問題，也隱藏著自元末至明嘉靖二百年間，

臺灣地理地形的大變化。

　　明萬曆三十年（西曆 1602 年），陳第隨軍東征臺灣，寫了《東番記》，稱高雄壽山為打狗嶼。可見陳第所見的壽山，是獨立在海中不接陸地的一個島，故纔稱為嶼。但是早在嘉靖四十二年（西曆 1563 年）大海賊林大乾在澎湖被官軍圍剿，敗走臺灣，蟠據打狗嶼，民間還有一段傳說。說林大乾退據打狗，有一天被官軍偵知，予以包圍。高雄港原本有一個島嶼封鎖住港口，林大乾絕無機會可遁。林大乾向天禱告，頃刻間，天崩地裂，那一個島嶼潰成粉碎，沉入海底，遂豁開一條港道，大乾方得脫身。按康熙三十三年（西曆 1694 年）所製〈臺灣府總圖〉，打狗港口確有一塊石塊，名叫雞心石，並不很大，也沒把港口杜塞（耶穌會教士所測繪的，雞心石很大，卻在港口外，不礙船隻進出）。自後清代所製新圖，似不再有雞心石。故老將雞心石的沉沒，歸給林大乾的禱告，時間差了一百多年。其實林大乾當時，打狗嶼還獨立海中，明軍從那一邊來，林大乾便可從這一邊走，說是兩頭被包圍，那是不可能的。但是雞心石將現在的壽山和旗後懸崖連接起來，倒是當年打狗嶼的本真。現在所看到壽山南脈和旗後懸崖是隔了一段斷潢的，亦即隔了港口。就山勢地形推想，當年現在的旗後懸崖應該是壽山南脈

的末段，可能由於整個壽山的陷落，中間落出一個雞心石，折出了旗後懸崖。其間壽山現有南脈和旗後懸崖的落差，至少可有兩百公尺；換句話說，當時整個打狗嶼要高出現時的壽山兩三百公尺以上（本山和懸崖也有崩落），合起來那時的打狗嶼大約有七百公尺高。無怪汪大淵誤認打狗山為大崎山，而安全地登臨其頂（其地只有溫和的馬來種人），去觀海潮漲落，山中日出。為了方便，再將《島夷誌略》有關文字抄錄如下：

琉球，地勢盤穹，林木合抱，山曰翠麓、曰重曼、曰斧頭、曰大崎。大崎山極高峻，自彭湖望之甚近。余登此山，或觀海潮之消長。夜半，則望暘谷之出日；紅光燭天，山頂為之俱明。

除了打狗嶼，再沒有別的山符合汪大淵登臨的條件的了。《高雄築港誌》有如下的記載：

高雄港在十八世紀，尚未有如現在之鹹水湖存在（指現港域）。自十八世紀中葉以還，因風潮影響，漸次發生淺洲，致形成今日之高雄灣，實為本省有史以來，重大地形變遷

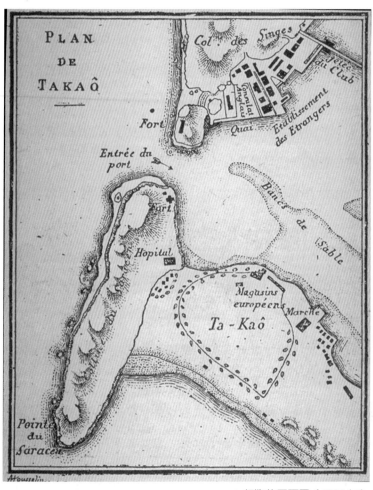

打狗的平面圖（1893 年）

之一。

重大地形變遷，為眾所周知的，無如古都臺南。

臺南在南宋時還是海中洲，當時稱赤嵌洲，應該寫做赤嵌洲。以後歷元、明，沒有地形的記錄。歐洲人於十六世紀東來，至十七世紀初荷蘭人佔據安平，不止有文字的記錄，各國還製有不少地圖。

1622年荷蘭人初到安平，其司令官雷爾生的航海日記寫著：

七月二十七日，星期三。早上北風，我們駛向臺灣島(Formosa)。正午接近臺灣嶼（Teyoan，按即今安平）北方約二浬處，繼續航進。船抵達該嶼附近時，因要測量，乃改乘小艇先發。及抵自陸地約距三分之一浬處，發現水深僅有二尋半。於是對兩艘快船發號令停船，以小艇進入港口。該處水深不過十至十二呎，但是這是潮水退至最低之時。入港後發現有水深六、七至八尋，適於拋錨之處。有一大灣長約三浬，大都不很深。但灣之入口，有一可停泊的，像圓罟之處，廣約有赫得靈砲的射程，深有十尋至五

尋不等。港口的入口約有一大綱之長（按一大綱長度等於兩百零四公尺），其間深有十至十二呎。該沙洲（按即指臺灣嶼）長約二分之一浬（按一浬為七千四百零七公尺又四十一公分），寬有一大綱長。測量完畢後，為不要浪費時間，因為該處我們的大船不能進入，即刻返回快船；向臺灣嶼東南約七浬處的 Mackan 灣出發（按是勘查結果，對臺灣嶼即安平不滿意，故要沿海岸南下，再找更好的港口。但是媽港即 Mackan 不知是何地，據七浬的距離推測，大概是現在的高雄港）。

30 日探勘隊從南海岸回安平（臺灣嶼）來，這一天的日記對當時的安平景觀有少許記錄，這個在上章已引過，這裏重行引出：

海岸多砂丘，有叢林散佈各處，島內高處，可見有樹木及竹林。

這是荷蘭人第一眼所見的安平，當時的安平還是個沙洲的小島嶼，四面被海水所包圍，和臺灣本島不連接。因為島嶼上住著馬來人種的部落叫 Teyoan （也拼做 Tejoan, Tayovan, Tayouan,

Taijouwan, Tai-ouan 等等），人們遂稱該島嶼為 Teyoan 嶼或
Teyoan 島。明萬曆年間陳第的《東番記》便音譯做大員，周嬰
的《遠遊編》譯做臺員；天啟以後，始譯做臺灣；鄭成功復臺，
改熱蘭遮城為臺灣城；滿清定臺，設臺灣府，再建臺灣省。沒
想到原本是一個小嶼之名，竟成了全臺之號，當年 Teyoan 部落
的人夢也沒夢到過。由於地形地勢，後來移民改稱臺灣嶼為一
鯤身，其南面陸續有二鯤身、三鯤身、四鯤身、五鯤身、六鯤
身、七鯤身，總共七個鯤身。鯤是鯨的別字，自一鯤身至七鯤
身，狀如七條鯨魚啣尾相屬，故有此一名稱。

　　稍後曾經在荷蘭軍中參加抗鄭成功戰爭的瑞士人 Albrecht

大員港市鳥瞰看圖（1644 年）

Herport 在其 1660 年的《臺灣旅行記》中也有有關臺灣嶼即安平的敘述，該旅行記寫著：

臺灣島在北緯二十三度，與臺灣嶼相同。臺灣嶼在距臺灣島約有大砲的射程之遙，離中國大陸二十四浬，離澎湖群島十二浬。臺灣嶼長等於一小時行程，寬十五分鐘，向東邊伸長，潮退時可步行至臺灣島。土地枯瘠，荷蘭人的主要的要塞築在其上，名為熱蘭遮城，長官即居於此。除了其他的房屋以外，也有許多倉庫，荷蘭人把貴重的貨物都藏在倉庫中。在要塞外面，在相距手槍的射程那麼遠處，有個郊外的城市，中國人的大部分的房屋造在其中，他們從中國運各種貨物來，以與荷蘭人交易。

嘉慶十二年（西曆 1807 年）的《續修臺灣縣志》也有一段簡要的描述：

七鯤身嶼在邑西南海中，脈自東南而來，西轉下海，聯結七嶼，相距各里許，接續不斷，勢若貫珠；自南以北，而終於安平鎮，與南北汕參差斜對，為邑之關鎖。地皆沙土，

熱蘭遮城平面圖（1665 年）

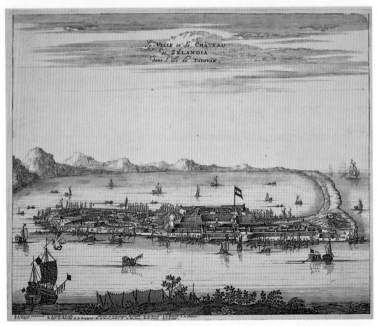

十七世紀熱蘭遮城

風濤鼓盪，不崩不蝕。多產菻茶（按俗作林投，今人譯作
露兜）、桄榔（即欀榔），望之鬱然蒼翠，泉尤甘美。一鯤
身地最廣，即安平鎮紅毛舊城在焉。

　　法國人 C. Imbault-Huart 在其 1885 年所著的《臺灣島的歷
史與地誌》一書中更有一段較明確的敘述：

這由東南向西北延伸的小嶼，有十公里長和一公里寬；這
是由於不息的海濤所造成的沙洲，洲上到處都有野樹。洲
的北端離岸約有四、五公里，而其南端則相距不過一箭之
遙。小嶼在這邊以一條砂帶和海岸相連，砂帶在繼續生長
中，漲潮時被水淹沒，但潮落時人卻可以通行。在北面，
小嶼祇以一道狹仄的水道和其他荒蕪不毛的砂堆分隔著；
水道通入海灣，海灣東面是臺灣本島的海岸，西南是臺灣
嶼和一列開著幾個穴口的砂帶；砂帶臥在海灣西面，向北
伸展。荷蘭人後來把這水道稱為臺灣海峽。

　　看到「臺灣海峽」四個字，不由教人嚇一跳，因為現在我
們說臺灣海峽，是指臺灣以西那一片海洋而言。但是因為安平

在荷蘭佔據時代叫臺灣嶼，一條以臺灣嶼為中點，陸陸續續向
南北延伸的沙線構成了這個內海峽，故荷蘭人纔稱為臺灣海峽。
這一條所謂的臺灣海峽，因為被本島和一連串的沙線夾在中間，
形狀像一條內江，故後來漢人便改稱它為臺江。叫臺江（臺灣
嶼以內的一條江）總比叫臺灣海峽恰當得多。

《續修臺灣縣志》載：

> 臺江，在邑治（今臺南市中區）西門外，汪洋淳瀹，可泊
> 千艘。

可見臺江是可容千隻海舶的大港灣。但是當年潮音獅吼，帆影
雲集的臺江，曾幾何時，海枯陸生，如今已是臺南市最熱鬧的
西區了。說來真令人有不勝今昔之感。《縣志》又載：

> 赤嵌樓，明萬曆末，荷蘭所築；背山臨海，與安平赤嵌城
> （即熱蘭遮城）對峙，潮水直達樓下。

讀來更有如夢寐，如今登樓，那裏是海呢？

　　赤嵌 (Sakkam) 原本是臺灣嶼對面，臺江東岸邊一個土著部

落的名稱，也就是南宋周必大文中提到古老的赤嶼。荷蘭人既在臺灣嶼築熱蘭遮城以控門戶，遂又在對岸的赤嵌社築赤嵌堡以鈐其後。赤嵌堡是一座三層的大建築，故中國人慣稱它為赤嵌樓。四面圍著四道半稜堡的城牆，與碼頭相對，平時用來稽查船隻出入，戰時則用來禦敵。1865 年英國人 W. A. Pickering 主管安平海關，他說：

> 赤嵌樓跟熱蘭遮城一樣，因長久無人照料，破落不堪，業已成了風景幽美的廢墟。赤嵌樓現在是在府城內，距海四哩；熱蘭遮城跟府城中間隔著一片約三哩寬、十哩長的平原。

三哩寬十哩長的平原，從前是波濤洶湧的臺江，在道光三年（西曆 1823 年）七月底一場大風雨過後，突然淤塞起來的。

姚瑩於道光九年所寫的《東槎紀略》卷一〈議建鹿耳門砲臺〉一文裏有如下的記述：

> 道光三年七月，臺灣大風雨，鹿耳門內，海沙驟長，變為陸地。鹿耳門一口，百餘年來，號稱天險者，蓋外洋至此，波濤浩瀚，不見口門，水底沙線橫亙，舟行一經擱淺，立

赤嵌樓 (Shutterstock)

時破碎。其中港門深僅丈餘，非插標乘潮，不可出入。此
險之在外者也。口內出水沙線二道，橫互南北，為入郡咽
喉。更東十里，然後達郡。北線又名海翁隙，其內可泊大
船。此險之在內者也。上年七月風雨，海沙驟長。當時但
覺軍工廠一帶沙淤，廠中戰艦不能出入；乃十月以後，北
自嘉之曾文，南至郡城之小北門外四十餘里，東自洲仔尾
海岸，西至鹿耳門內十五、六里，瀰漫浩瀚之區，忽已水
涸沙高，變為陸埔，漸有民人搭蓋草寮，居然魚市。自埔
上西望鹿耳門，不過咫尺。北線內深水二、三里，即係淺
水，至埔約五、六里。現際春水潮大，水裁尺許，秋冬之
後，可以撩衣而涉。自安平東望埔上魚市，如隔一溝。昔
時郡內三郊商貨，皆用小船由內海駁運至鹿耳門，今則轉
由安平大港外始能出入。目前如此，更數十年，繼長增高，
恐鹿耳門即可登岸，無事更過安平。則向之所謂內險，已
無所據依。

按這一年淤塞，據上文並未將整個臺江填滿，但是淤塞卻是突
如其來，其原因是曾文溪挾帶大量泥砂灌入臺江。

　　林朝棨教授在其所著〈臺灣之河谷地形〉一文中寫著：

有記錄以來之三百餘年間，曾文溪下游之河道變遷亦甚為
頻繁，形成其三角洲狀之海岸平原。荷據時代之一六五二
年海圖指示曾文溪由蕭壠（現在之佳里）之南方注入臺江
潟湖，一六六〇年之古地圖亦似表示本溪主流由蕭壠之南
流入臺江。但經過明鄭時代至隸清以後，本溪上流稱為灣
裏溪（灣裏為現在之善化），下游稱為歐汪溪，即由現在之
將軍溪入海。所以當時（一六九四年以前）曾文溪由噍吧
哖（今之玉井）內山經過石仔瀨、番仔渡、拔仔林、灣裏、
蘇厝甲、檨仔林、蕭壠、歐汪、史挪甲（今之山仔腳）入
海。惟由地形圖判斷，康熙三十三年（一六九四年）與道
光三年（一八二三年）之間，本溪下游似有一度改由七股
溪入海。至道光三年七月臺灣大風雨，洪水暴發，由內山
挾帶巨量泥沙沖入臺江，東自臺江東岸之洲仔尾海岸，西
自鹿耳門內十五、六里，過去瀰漫浩瀚之區，忽已水涸沙
高，變海為陸埔；曾文溪亦改道，放棄將軍溪之舊流路，
改由西港南邊流入原臺江南海部分之新浮埔，成為延長河，
向西南入海。當時之曾文溪下游流路乃經過蘇厝甲、公親
寮、學甲寮附近，似由現在之鹿耳門溪口北方入海；然後
該溪幹流之河口部似屢次改道。

據上文可以明白臺江突然淤塞的原因，也可藉以明瞭曾文溪三百年滄桑。

自臺江在道光三年淤塞以後，安平大港反而有淤沙流失的現象，比以前變得更深。但是這種反常的現象並未維持多久，至 1885 年，安平大港也步整個臺江的後塵，全部淤塞。而在其前一年，即 1884 年，已有臺灣道劉璈發動直轄兵員，動工開通由臺南至安平的大路的記載。張劭曾在其所寫〈臺灣海埔地之地形變遷〉一文中說：

安平海岸的變化係稱雄於十九世紀以前，迄至二十世紀已漸趨安定。

自世界海運交通以來，都市起於沿海，港口開則興，閉則衰，已成定理，少有例外。古都臺南自臺江淤塞以後，海運漸閉，終至衰落。正值臺北初闢，有淡水河之利，風氣遂由南轉北，彼興此替。臺灣港口風氣之轉移，早有前例，當時是由北轉南，因事在荷蘭據臺以前，史籍不載，不為人知。

臺灣雖自古有流求之名，但是在葡萄牙人稱 Formosa，荷蘭人稱 Taijouwan 之前，明代卻流行稱做北港。北港，顧名思

義，不可能在南部。但是學者間，卻一致以為北港即指臺灣嶼所在，亦即指安平。他們的依據有二：其一是顧祖禹的《讀史方輿紀要》有「北港蓋在彭湖之東南，亦謂之臺灣」的話。其二是荷蘭《巴達維亞日記》載有 1623 年 9 月間明廷實施海禁的通告：

> 福建行政長官對於澎湖島的荷蘭船隻，通告其不得進入中國。中國人不得偽稱去北港（別稱大員）捕魚，而與荷蘭人交易，故禁止中國戎克船去北港。

根據這兩條文字，學者們遂認為北港即大員。其實這是誤會。G. L. Mackay 在其所著《自遙遠的臺灣》一書中主張北港是臺灣的原始名稱或馬來名稱 Pekan 或 Pekando 的音譯。果如其說，北港乃是全臺之名，自然不會是安平之名了。因為安平只是臺灣之一地，有它自己的專名，叫 Taijouwan（有許多拼法），怎會有那麼多名稱，再叫北港呢？其實不論北港是不是臺灣的全名，一個地方論理只要有一個名稱就夠了，不可能會再有其他別名的。何況臺灣原本是未開之島，一個地方有一個名稱已經很不錯了，怎會那樣奢侈多名呢？在文明古國，一地兩名都很

少見，遑論蠻荒？以為安平別名北港，或北港別名大員，都是不合理的。但是 Mackay 氏以為北港是臺灣的原始名稱或馬來名稱，說法也很不妥當。若臺灣果真自古有北港的專名，沈瑩的《臨海水土志》就不會因其野蠻而稱夷州，《隋書》就不會稱流求，陳第更不會稱東番。我們據理以推，像臺灣原本是未開之島，全島部落星散，未曾有過統一的王國，各部落有專名已經大過人望，一島的總名，那是不會有的事。Mackay 氏不過以意臆測，全不合歷史常識。至於顧祖禹說北港在澎湖東南也叫臺灣（顧書作於南明鄭氏時代，大員已久為臺灣重心），《巴達維亞日記》說北港別稱大員（當記取荷蘭人已於 1622 年 7 月來臺，故明廷特別加夾註指明大員），這是上文說的，海運由北轉南的緣故。原來臺灣首興的港口是魍港，距澎湖最近，在澎湖正東，北緯二十三度二十九分至三十分之處，有據可查，可推到隋朝。《隋書·陳稜傳》寫著：

大業三年，拜武賁郎將。後三歲，與朝請大夫張鎮周發東陽兵萬餘人，自義安汎海，擊流求國，月餘而至流求；人初見舡艦，以為商旅，往往詣軍中貿易。

隋朝遠征軍在臺灣的何處登陸雖不可確定，但以理推，以在澎湖正東直線最近距離的地方登陸為最合理。這個地方正是魍港所在。魍港人初見隋朝艦隊，還以為是來做買賣的中國商船，可知閩、浙一帶商船在隋朝以前已經常有來貿易的。在這個年代，安平、臺南一帶並不是好靠岸的港口。直到南宋時代赤嵌一帶還是海中島嶼，這一帶正在淤淺，後來淤淺結果赤嵌嶼和陸地纔連接在一起的。故根據距離和港深，可以做這樣的斷定。這個魍港，在安平（大員）漸漸擡頭之後，因地居安平之北，往來的漁商船，遂有北港之稱。大概它的衰落，是在荷蘭人據安平之前或之後。荷蘭澎湖司令官雷爾生 1622 年 （明天啟二年）的航海日記寫著：

七月二十一日，星期四晨。有在福爾摩莎島捕魚二年的一中國人來我船上。自稱熟知福爾摩莎島的情形。他說在大員 (Teijoan) 灣中有很好的停泊處，並謂有足夠的水，可供進口，如果我們希望，他可以率領我們去看，並可指示附近的其他地方。我們就和他約定給以酬報五十里爾。

果然到了 27 日，荷蘭人就由該漁人帶領來安平做實地探勘。這

個漁夫所以將安平介紹給荷蘭人，可有兩點解釋：第一、安平
果真為臺灣西部最好的港口。第二、魍港早為中國人的地盤，
這個漁夫當然要保留下來，只介紹第二好的港口給荷蘭人。若
是第一點，則魍港業已衰落；若是第二點，則魍港還不失為臺
灣西部第一港口。但是不論如何，安平業已擡頭是事實。後來
荷蘭人霸佔全臺以後，在魍港也築了城堡，由其所製地圖看，
魍港還是當時臺灣最大的漁場，不失其為第一港口的地位。這
樣看來，魍港（即北港）的衰落，還是在荷蘭人據臺以後，或
鄭成功復臺以後了，因為政治重心既已南偏，魍港的地位自然
衰落，而後來港口日漸淤淺，鹿港漸次取得中部大港的獨攬地
位，魍港遂像後來的臺南，不再有復起之日。〔註〕

　　臺灣西岸因漂沙與飛沙不斷淤積，昔日滄海，今日已成桑
田的地方愈來愈多。現時北港距海最少也有十五公里，赤嵌樓
也有七、八公里。海埔新生地，例年增加，以臺西一帶為例，
陸地每年平均伸長四十二公尺，南自三條崙，北至濁水溪南岸，
每年平均約生長海埔地八十萬平方公里。

　　最古老的北港不說，清代臺灣三大港，安平、鹿港、淡水，
如今安平、鹿港均已式微。丁紹儀的《東瀛識略》說：

嘉義以北，以彰化縣屬鹿仔港為正口。乾隆間，一、二千
石大舟均可直抵港岸，商艘雲集，盛於鹿耳。

可見鹿港之盛。但是到道光年間，丁紹儀接著寫道：

近年沙汕漲坍靡定，漲則舟不能通，須泊二、三十里外；
有時通利，亦沙線環繞，非小舟引道不敢行。

張劭曾先生在〈臺灣海埔地之地形變遷〉寫得更詳明：

鹿港昔日號稱為臺灣中部的咽喉，在清代康熙及乾隆年間，
即已形成人口八、九萬的大都市。在一七八四年（乾隆四
十九年），泉州人大批移民於鹿港，其商業更蒸蒸日上。前
於一六六一年（順治十八年）之時，其海岸與街市尚連在
一起。彼時鹿港溪口的水深，足供七百噸的大船直接駛入
街內而停泊。咸豐年間濁水溪洪水大氾濫，鹿港溪口驟被
淤塞，雖四十噸左右的船舶進港，亦成問題。此後漂沙與
飛沙不斷淤積，其水日淺，稱譽一時的良港，至此則漸趨
沒落。

淡水及其附近村落並雞籠島之圖（1654年）

　　淡水港之價值，全在於淡水河。1900 年 Charles A. Mitchell 著《日本與臺灣之樟腦業》說：

　　臺灣全島的河流，只有一條河流例外，都是極湍急的，甚至不能航行獨木舟。一條例外的河流是北部的淡水河，汽船可以上溯航行二至三哩，帆船和汽艇自河口約可上行十哩。淡水河的三個支流，即基隆河、大嵙崁溪及新店溪，民船更可以航行較長的距離，甚多樟腦便正循大嵙崁溪順流而下。

臺北盆地的開發，也是全賴淡水河。後來由於臺北盆地的興盛，臺灣政治重心北移，淡水港遂一度成為臺灣第一大港。河港養育盆地，盆地反哺河港，互為因果。

　　1697 年郁永河渡海來臺採硫，有《採硫日記》，4 月 27 日來到淡水，日記寫著：

　　至八里分社，有江水為阻，即淡水也。深山溪澗，皆由此去，水廣五、六里，港中流有雞心礁，海舶畏之，潮汐去來，深淺莫定。由淡水港入，前望兩山夾峙處，曰關渡門，

水道甚隘，入門，水忽廣，瀦為大湖，渺無涯涘。張大云：
「此地高山四繞，周廣百餘里，中為平原，惟一溪流水，
麻少翁等三社，緣溪而居。甲戌（一六九四年）四月，地
動不休，番人怖恐，相率徙去，俄陷為巨浸，距今不三年
耳。」指淺處猶有竹樹梢出水面，三社舊址可識。滄桑之
變，信有之乎？

據荷蘭人 1645 年繪製的〈淡水圖〉，關渡上面並沒有什麼大
湖。郁永河 1697 年所見的關渡上面的大湖，據張大說乃是三年
前四月裏，大地震陷落形成的。這個大湖，如今又不見了，現
在是淡水河與基隆河環繞著的一片浮洲，與其對岸的蘆洲，同
為沖積形成地。1840 年（道光二十年）姚瑩的〈臺灣十七口設
防狀〉寫著：

滬尾，即八里坌口，府志所云淡水港是也。兩岸南北相對
皆山，中開大港，寬七、八里。口門水深一丈七、八尺，
港內深一丈二、三尺，或八、九尺。滬尾在北岸，八里坌
在南岸。港西為海口。昔時港南水深，商船依八里坌出入
停泊。近時淤淺，口內近山有沙一線，商船不便，皆依北

《岸之滬尾出入停泊。》

淡水港起先發達的是八里坌，當時帆船都在八里坌靠岸，北岸
的滬尾（淡水）只有土著的小村落。後來八里坌港衰落，滬尾
港代興，據姜道章先生的分析：第一點是八里坌港淤淺，而帆
船噸位又漸增大。第二點是八里坌港在淡水河口南岸，迎東北
季風，而滬尾港位在東北季風的背風坡。第三點，八里坌港的
背腹為觀音山，農田村落較少，而滬尾港的腹地農田村落較大
較多。

　　淡水港也和臺灣其他港口一樣，有嚴重的淤塞現象。1912
年英國駐臺灣的領事報告，便有如下的話：

前英國領事官邸 (Shutterstock)

雖然淡水河口每年都有相當的疏浚，浚深河口的淺灘，以防主要港道被淤塞，但是淡水港的整個問題是一個未來的難題。

淡水港淤淺及沙洲游移無定，除了正常的淤塞，是有些原因的。第一是中國戎克船每次進港，就把壓艙物亂丟在港內，官廳又不加糾正，造成沙洲淤塞與游移。第二是淡水河上源森林的濫伐以及基隆河亂雜的淘取砂金。第三是光緒十年（1884年）中法戰爭，劉銘傳為了阻止法軍在淡水登陸，在港口總共沉了二十隻載滿石頭的大小船隻。這些原因加速了淡水港的衰落，等到日本據臺，基隆港繼之代興，淡水港更是一蹶不振。

先天註定臺灣港口，非得是沒有河口的海灣，纔能避免淤塞的命運，但是基隆、高雄二港依然有嚴重的淤塞。

臺灣地理地形的大變化，幾乎全在西岸，而東岸又開發得慢，要敘述它的滄桑，時間還嫌過短。

日治時期的基隆港

日治時期的高雄港

註 魍港舊說即笨港即今北港，本來並無異說，自伊能嘉矩氏主張即今臺南縣虎尾寮的蚊港，學者多影附。伊能氏的論文我們沒緣讀到，但是早在康熙年間杜臻的《澎湖臺灣紀略》便有類似的論調，他說：「自新港社西南五十里至麻豆社。水西出，曰蓁港；即陳第所謂魍港也。其旁有茄哩嶼、雙溪口，皆第記所有。」但是下文他又說：「自麻豆社北行九十里，至朱羅山。水西出，曰蚊港。其旁有三疊溪、牛朝溪、八掌溪、上茄東、下茄東、龜仔山、上獅仔、南世竹、茄藤林。」按杜臻這段文字是根據當時的地圖及圖說寫的，並非親歷。地圖及圖說，將魍港寫作蚊港，將蚊港寫作蓁港，無怪杜臻會弄錯。並且照陳第《東番記》，加哩林、雙溪口還遠在下淡水溪以南，杜臻誤以為是在蚊港附近的茄哩嶼和雙溪口。其實蚊港，臺音 Bangkang；而魍港或蓁港（郁永河的《採硫日記》即作蓁港），臺音是 Bongkang，有元音 a、o 之別，並不同音；雖不同音，卻很容易混淆。而吳音，蚊港是 Vankang，魍港、蓁港是 Mongkang，故杜臻纔會將魍港附會蓁港，而不去附會蚊港。按荷蘭早期地圖中既沒有 Bongkang，也沒有 Bangkang，在安平以北，只有一個 Wankan，緯度二十三度二十九分至三十分，照臺音該是彎港，照官音則為魍港無誤。魍港在安平（臺灣嶼）擡頭以後，漸被稱做北港，後來竟成了臺灣的代名。荷蘭人製〈臺灣西岸圖〉時，既用北港 (Pakan) 為總名，其專名自然只有用魍港了。而魍港的魍字一般漁、商又不認得，只好問做官的，於是魍港遂依官音拼做 Wankan。但是稍後的圖中又有 Poonkan（笨港）一名，位在 Wankan 之北附近，這是誤會。荷蘭圖除了極少數，大部分都是拼湊幾個圖合成的，這一類的錯誤自然不能避免，如有一個圖甚至將打狗港重複兩出，使學者們不經心遂以漁夫

港為蟯港。Poonkan（笨港）是 Bongkang（臺音魍港）的官寫，因為官話沒有 b 聲母，只好發做 Pongkang，荷蘭人遂拼做 Poonkan，而漢字就寫成笨港。至於蚊港，是今臺南縣的虎尾寮沒錯，但是拼音既不對，緯度又偏南十一分至十二分，而三百年前，它又還在海中，更不合荷蘭圖所標示為本島上的港口。沒有必要時，實在以不倡新說為妥，這樣做，徒使影附者一窩蜂攪亂事實罷了。倒是安倍明義氏指為北港港口南的塭港，還稱近是。

第三章

美麗之島

　　臺灣是太平洋整個大洋的秀氣之所鍾，故能成為世界上獨一無二最美麗之島。當年商王朝的第三代王相土雖征服過臺灣，因目標指向中原，似乎未曾措意。後來吳、越的敗亡者逃亡臺灣，自然是無心欣賞。等到西曆前四世紀中葉，《史記・封禪書》寫著：

　　自威、宣、燕昭使人入海求蓬萊、方丈、瀛洲。

威、宣是齊威王、宣王父子，燕昭是燕昭王。據此，戰國中期，燕、齊海上冒險者，已發現東海外這個美麗的島嶼，因為黑潮的緣故未能到達（請參看第一章）。關於這個美麗的島嶼的報告（當時本島看來好似分為三個島；或兩個島，合澎湖為三），馬上吸引了燕、齊二國的國王們，於是一批批的探險船隊不斷地向東海外出發，但是終於被黑潮所阻。〈封禪書〉接下去寫著：

　　未至，望之如雲；及到，三神山反居水下；臨之，風輒引去，終莫能至云。世主莫不甘心焉。

儘管探險船隊未能在美麗的臺灣島上登陸，打開一條實際的航

路，國王們仍然那麼樣渴望著盼望著。自此這個美麗的島嶼傳遍了全中國，成為人人嚮往的人間天堂（神山）。擁有大權力的帝王，如秦始皇、漢武帝，還是繼續尋找它，不肯放棄。沒有權力的民間探險家的方士們，也一代代不停地企圖跨越那道護城河一般保護著神山的黑潮。終於似乎沒有一個是成功者。神山畢竟非人境，怎可任世人背一身僕僕紅塵來污染？但是到了三國時代孫吳的遠征軍竟帶了刀槍劍戟登上這座神山，卻誤把神山當野蠻的荒土，於是神山變成了蠻島。然而它畢竟還是神山，總有一天世人還要重新肯定它的美。自後歷經隋朝（來了第二次遠征軍）、元朝（來了第三次遠征軍）而明朝（來了第四次遠征軍）。也許南宋時已有漳、泉移民，也許到了明末纔有移民。移民之所以背井離鄉，來到蠻荒之地，除了實際的理由，島上的美不能不說是一種有力的吸引。但是見於記載的，無不是鄙夷的文字；有誰能像後來的鄧傳安著〈番俗近古說〉，從自然主義的角度來欣賞這個島上數十萬赤身露體的仙裔？中國讀書人這許多年來，竟因島上人們的無文而無視了其山川之美，遂使葡萄牙人在臺灣近代史上獨擅芳名！

　　稱臺灣為美麗之島，固然證明了葡萄牙人是臺灣的知己；但是稱臺灣是神山，更見古人是臺灣的第一個愛慕者。因此論

臺灣的知己，應推戰國時人為第一，葡萄牙人為第二，這纔是
公平之論。

　　葡萄牙人於 1514 年東來後 ， 於 1545 年 （明嘉靖二十四
年）開始到日本貿易。商船或從麻六甲開到澳門再往日本，或
直接由澳門開往日本。在往日本的途中必然要經過臺灣的海域，
或是西岸外的臺灣海峽，或是東岸外的太平洋。一說葡船經過
臺灣海峽，遠遠地望見一道長長的崇山峻嶺，高出雲霄，大片
蓊鬱的森林，青翠欲滴，一直生長到海邊，不由齊聲讚美，喊
道：「啊，美麗之島！」(Ilhas Formosas!)。一說葡船沿臺灣東
岸經過，看見東部山脈拔海而起，中央山脈東北段大斷崖以兩
千公尺的高度直立海角，整個臺灣看來彷彿是上帝之都，高出

宜蘭海岸線 (Shutterstock)

九霄的天城，雄偉奇瓌，奪人眼目。再看山上林木蔥蘢，含和蘊泰；又見許多瀑布在熱帶的陽光下，銀也似的閃耀；大片竹林像羽毛般在臺地的平野中漣漪也似的波動。於是船員們血液沸騰，齊聲歡呼：「啊，美麗之島！」這些航遍了整個地球，血液早換成了海水的鹵漢們，終於第一次看見了地球上最美麗的地方，發現了伊甸園的所在，而為之傾倒，就像他們遇見了絕世的天仙一般，因為這裏原是絕世的仙山啊！

臺灣島，北起北緯二十五度十八分零五秒的富貴角，南迄北緯二十一度三十五分四十八秒的鵝鑾鼻。南北跨緯度三度四十二分一十七秒，約三九四公里長。北回歸線橫過中部，幾乎正劃過島上最高峰玉山山頂。東起東經一百二十二度的三貂角，西迄東經一百二十度二分五秒的曾文溪口（當年只到海翁島，約今臺南市安南區青草崙西北之地）。東西跨經度還不足二度，平均寬度約八十五公里，最寬處一百三十四公里。全島面積三萬五千七百五十九點五四六〇平方公里，合三百七十萬三千九百八十三甲，周圍一千一百三十九點二四八三公里。

中央山脈縱貫南北，起三貂角迄鵝鑾鼻，長三百二十公里，佔全島長度的五分之四，高度三千公尺以上，形如海上摩天大城。全島四大山脈，三千公尺以上高峰，有名稱可舉者，多達

一百三十三座，還不包括副峰在內。一個小小的海島，而有這種拔地擎天群峰攢簇的摩天大山嶺，即在全世界也是僅見的，無怪十六世紀的日本幕府稱臺灣為高山國。最高峰玉山，據德國人 Albrecht Wirth 的臺灣史，標高四千四百公尺；加拿大人 G. L. Mackay 標高一萬五千英尺（合四千三百二十八公尺）；法國人 C. Imbault-Huart 標高四千二百八十公尺；而現在流行的標高是三千九百九十七公尺，叫玉山從四千公尺級降了一級。我們要求重新仔細測一次，否則我們寧願認為它是四千公尺級的高山。世界最高峰喜馬拉雅聖母峰，從海拔六千公尺的高原站起二千八百四十八公尺，並不稀罕，因為除掉它的底座（高原），還不足三千公尺。玉山，在離海只幾十公里的地方，從接近海面的最低度拔起四千多公尺，教太平洋的母夜叉颱風（北半球颱風名字被指定為女性），每次來了都撕破裙子，落荒而逃。它，玉山，纔是世界第一峰。

五嶽是中國名山，東嶽泰山纔只有一千五百四十五公尺，北嶽恆山兩千出頭纔兩千一百一十九公尺，中嶽嵩山剛剛僑到兩千公尺，西嶽華山算是五嶽中最高的，纔有兩千兩百公尺整，南嶽衡山竟只有九百公尺。其他名山，如華北的兩座名山，太行山只到兩千零六十九公尺，王屋山兩千一百六十九公尺；陝

玉山 (Shutterstock)

西的秦嶺兩千五百公尺整；江西的廬山最為膾炙人口，纔有一
千五百公尺整；湖北的摩天嶺還算有些高度，兩千八百一十公
尺；湖廣交界的五指山纔只有一千七百一十五公尺。三千公尺
級的山竟然沒有。在我們漢族的老地盤上，自黃河而長江而嶺
南，五千年來竟沒有足可睥睨四方的高山，而居然在冒險犯難
爭自由爭自主的少數移民，跨大海，渡重洋，犧牲了多少人的
生命幸福之後找到，並且又是一次就是一、兩百座的大數量，
比起梁山泊的一百單八條好漢還要多，實在令人振奮；想登臨
群峰之頂，環顧八方之末，齊聲歌唱，響入九霄。

　　三千公尺級的高山，在大陸上要到甘肅、四川西界纔有，
但平地已超過兩千公尺，再高出千把公尺猶然不為奇；且其地
當年乃中國西藩，即在今日，人物薈萃，仍舊在於中原與東南
之地，自不能和臺灣比。

　　假若臺灣沒有山，將成什麼樣子呢？首先人們馬上便會失
去精神的提攜。就連精神也平塌了下來時，人還能算是人嗎？
山，不苛求地說，處處都有，不止臺灣纔有山；但是臺灣的山
和世界的任何處都不同。臺灣的山，大海洋四面圍著它，海浪
像朝聖者，自曠古以來，以至於今日，直至於無窮無盡的未來，
一波一波地，向它膜拜。海，因著它本身的卑微污下，它企望

有朝一日也能向上掙起，臨風顧盼，超脫恆久以來的容垢納污，證登淨土。因此海喜歡山，崇拜山。但是山，往往離海遠遠的，也許嫌海污了它。海於是看不到山，即便遠遠地望見了，一方面是可望不可及，一方面是距離拉矮了山，海也就失去了它對山的敬意。因此若山是遠遠地拉矮成了地平線，海就不以為那是山了。大海洋中的孤島，這裏那裏都有山，然而對整個世界的海水來說，世界的山都鍾聚在臺灣，臺灣以整個臺灣，高插雲霄，它不止不嫌海，它還站在海中。海，離它那樣地近，看得那樣地清。海，狂吻它的腳趾，一波一波地向它膜拜。海把和它自己一樣，因卑微而企望高明的人們，一波一波地帶來。人們在海平面上望著山，精神便跟著山昇向天漠。若天有天堂，一定得循著山爬上去，山是人類精神超昇的梯階。

在別的地方，山一點兒也不奇。聖母峰只會拿冷和稀薄難人，好漢們是不服氣對它，站在它的腳下並不真正覺得它崇高。幾乎世上所有所謂的高山莫不如此，是在虛假的數字高度上知名，並不真正有著高度的實感。臺灣的山則不同，人們可從容地站在海平面上看它，它是如實地那麼崇高；從海平面上拔地擎天而起，是臺灣的山（應只說臺灣，因為臺灣整個就是山）獨特的性格。臺灣的山是整個（全世界）大海洋企望向上高昇

人類精神的超昇

（霧海上的旅人，1818 年，Caspar David Friedrich 繪）

之所鍾。臺灣的山是大海洋的產兒。

　　臺灣的山雖以玉山為最高，但是真正能管領千里侯服，特立一方的當推五嶽老么大武山。此山視為世界第一奇山也不為過。早一些的中國海客，稱它大崎山，荷蘭人稱它王冠山(Kroonen Berg)，明末稱傀儡山，移民稱太母山──視南伸的蜈蚣嶺為其子山孫山，官定的名稱叫大武山。除了傀儡山一名是據其居民的種名 Kalei 而稱外，它的種種名稱，都是它尊偉的外形的寫照。Albrecht Wirth 認為它是泰雅族的聖山──泰雅族的故土原本在西南部，說它是南臺灣人的 Blocksberg （德國 Harz 山的最高峰，據傳說是妖魔聚會之處）。此山分兩座，北座叫北太母，南座叫南太母，非筆墨所能形容，能夠親身瞻仰是一大幸（屏東縣潮州鎮和新埤鄉萬隆村的平野是最佳瞻仰地點）。北太母雖標高只有三千二百三十二公尺，南太母只有二千八百四十公尺（大概不可信），但它是不折不扣拔地如此之高，它鶴立東南，過往海舶第一眼就是看見它，並且看見它在雲的上面。1620 年 Martin Pring 率領英國東印度公司的艦隊要航往日本，其 7 月 11 日的航海日記寫著：

　　本日正午，在雲上看到福爾摩莎的頂，其最高處是在東南

稍偏東的方向。

那就是太母山。《府志》寫道：

> 傀儡山，聳出雲霄，其上為野番所居。內地舟至澎湖，望
> 此山為準的。

可知道太母山的崇偉，可以說它是代表臺灣的一座山。吳子光
在其《臺灣記事》一書中，更寫著：

> 傀儡山為鳳邑鎮山，距郡城百餘里。澎湖人為余言：「天初
> 曉，遙望日從山後飛升，如人列眉。」傀儡山距澎湖雖隔
> 越重洋，然平曠無邱山之阻，如初日照見三神山。

虧得吳子光神筆，纔狀得神山。在世界上要再找出第二座這樣
管領一方、坐鎮千里的山，大概是不可能有的事。

　　假若臺灣沒有山，則一覽無遺，便顯得幅員格外地小。雖
然是小，但因有崇山峻嶺，至數十百重，遂予人以高深之感。
初到近海望它，教人不知道它有多深多大；及至登上本島，從

平地上望它，更覺氣象萬千；再進一步入山，便不覺迷失；縱然能登玉山之頂，太母之巔，早被它那卑九霄小四海的風神所懾，那裏還有大小高下的分別之心，因為它早已超出了一切。

　　臺灣五百公尺以上的山地，佔全島總面積的三分之二。其險峻的峰巒、蒼鬱的森林、旖旎的溪谷、變幻的雲霧、冬季皚皚的冰雪、先住民的原始民族風光，令人低徊愛之不能去。東面是白浪滔滔的太平洋，距海岸僅三十公里，深度陡降至四千公尺以下，為世界著名的海溝帶。東岸斷崖壁立。花蓮之北立霧溪太魯閣，深至兩千公尺，為世界第一峽谷，乃河蝕地形之霸。馬太幹西邊，大理石斷崖高達一千公尺，最引人入勝。上游古柏楊掘鑿曲流之深，為世界罕見。這一個區域是臺灣的精華，也是世界的精華。西面是一條大陸棚，平均海深只有五十公尺左右，最深不超過九十公尺。西岸是一片沖積平原，當年豐草沒肩，一望無際，百萬隻梅花鹿生息其間。森林直生長到海邊，原始部落，赤身露體，沿海而居。一個小小的島嶼，兼賅東西岸兩極端的地理景觀，真是個奇特的造化。

　　因為山區佔去臺灣大部分的面積，遂使臺灣的森林，和它的山嶽一樣，為大陸各省所不及，且為世界著名的森林區。其生態獨特，分佈完整，具備寒帶、溫帶、暖帶、熱帶各地帶林

清水斷崖 (Shutterstock)

太魯閣 (Shutterstock)

花蓮海岸 (Shutterstock)

梅花鹿 (Shutterstock)

木，為世界他處所罕見。林木總蓄積量，達兩億立方公尺之巨，不僅是臺灣的主要資源，也是臺灣命脈之所寄。臺灣山勢陡峻，各河流均自三千公尺高度衝激而下，而豪雨傾盆，颱風橫襲，若沒有森林，蓄水、保土均無可恃，勢必至山土崩潰，水源枯竭，不堪設想。如近年伐林盜林遠超過植林，造成砂土流失，河床淤淺，自 1959 年八七水災以來，動輒成澤國，而數月不雨，則又旱象畢現，循至二十五億立方公尺的地下蓄水，一時枯竭，導致地層下陷，海水倒灌。Camille Imbault-Huart 早在 1885 年便說過：

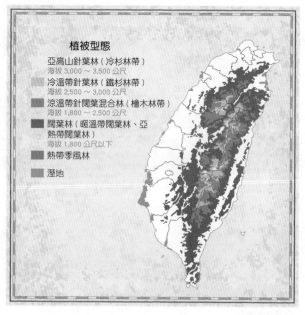

臺灣植被型態

中國人既忙著採伐樟樹區邊界上所充塞著的樟樹，以便提煉樟腦，卻懶得補植樹苗以代替他們所已砍掉的樟腦，有一天，生產會不可避免地弄到涸竭下去。因為不久的將來，由於樟樹價格的低廉或是在美術和工業方面新的應用的發明，樟腦的消耗可能變得比現在重要多多，中國人的這種作風尤其令人惋惜。這種樹長得相當迅速，並且人們很容易把它們種在腹地和東海岸的山坡上，而那些地方大部分都過於險峻，不能從事其他的栽培。化費少許勞力，人們便能在若干年內得到一些新的樹木藉以代替現在正在採伐中的樹林。不幸的是中國人從來不想到將來；他們只享受目前，再沒有旁的什麼。他們僅在砍去樟樹的地區種著藍草或茶樹，原因是這種植物可讓他們在最短的期間獲得利益。

樟樹是臺灣數以百種重要樹木之一，當時砍伐的是邊區，今日砍伐的已不止樟樹一種，且深入內山，其嚴重性更非 Imbault-Huart 氏所曾預見。和璧雖寶，鎮鋙雖堅，不能愛惜，當頑石爛鐵看待，終必至失其光彩銛利。如吳子光所言：

余自光緒紀年後，車塵僕僕彰、淡間，每見一邱一壑，雞犬桑麻，皆含畫意，謂此處人家，何修而獲居福地？

能在這個神山美麗的寶島上生息居住，是何等福分？若飲水不能思源，將這寶島任意揮霍，甚而搜刮搾取而之他邦，則直是狼心狗性，怎能算是人呢？

　　Albrecht Wirth 說：

中央山區的植物，其形態之複雜與喜馬拉雅山的大為相似。在平原上生長的植物，其種類也非常豐富。

Camille Imbault-Huart 也說：

臺灣的地方植物有待於一位認真而有能力的專家來研究，而這位專家須有必需的時間來辨認和區分那些植物所構成的類型。

又說：

在臺灣島可以發現印度所有的一切果實。

臺灣因位置在熱帶和亞熱帶地帶，陽光強，濕度高，有天然大溫室之美譽。G. L. Mackay 說：

全島很少不毛之地，巖石上也有青苔蔓草，野樹上都有藤蘿纏繞。

全島維管束植物，根據近年出版的《臺灣植物名彙》之統計，有四千四百七十七種，外來種則有二千五百餘種，總數近七千種，佔大陸植物七分之一，全球植物三十二分之一，種類的繁富，可以概見。尤其樹木，有六十五種馳名世界，樟樹為世界大宗，而臺灣五木紅檜、油杉、亞杉、香杉、肖楠更是稀世珍種。世界植物學家紛紛遠途跋涉來臺採取標本。著名的英國大文豪兼史家 H. G. Wells 便曾經為了巒大杉的科屬問題，萬里跋涉，於 1912 年元月經西伯利亞，由朝鮮釜山渡海到日本下關，再由下關渡海到臺灣，親登三千零四十二公尺高的巒大山，那裏蟠踞著兇悍僅亞於泰雅族，一樣有獵頭習慣的布農族。Wells 氏在臺灣待了三週，悄悄的來，悄悄的走。後來給日本學界發

覺了，非常失望，認為日本有著名的富士山和櫻花，Wells 氏
看都不看一眼，踩在日本土地上，只有在下關等班船的一天時
間，實在很不夠意思。由此可知臺灣在世人心目中的地位。

　　像 Mackay 氏所說，臺灣很少不毛之地，全島都被蒼翠的
綠色所覆蓋。使得日本的一位詩人讚美著說：

　　說臺灣山水甲東洋，一點兒也沒誇張。在東洋的任何地方
　　旅行，都不會看到有這樣美的自然美。這裏的自然美，乃
　　是十足的自然美啊！沒加上一絲一毫的天工和人工。不一
　　定要到所謂勝景的地點去，隨便在什麼地方看到的山和原
　　野，都可欣賞到臺灣的自然之美。那美，是沒有任何粉飾
　　的裸體美。那美就是樹木的綠，就是那出奇鮮麗的綠色，
　　以及襯著這份綠色的大紅色的花。這一點是舉世無匹的。
　　臺灣的綠，是一種綠色的爛漫之花。臺灣有這份綠已然夠
　　了，還要勝景做啥！在豐富的光熱與雨水下，那繁茂深邃
　　的綠色的山，彷彿滿山開了綠色的花似的。雨中濛濛的綠
　　尤其格外地美。（中西伊之助語，見其所著《臺灣見聞記》）

阿里山樹林 (Shutterstock)

　　C. Imbault-Huart 對臺灣的美有很多描述，他說：

對於藝術家、風景的愛好者、自然的愛慕者，臺灣等於是
個大千世界。植物在那邊是繁茂的，而土地所蘊藏的財富
超過了人們在他處所能見到的一切。風景隨著地方變化：
在北部，彷彿像是瑞士，沒有雪，卻有著山嶺、隘路、最
瑰麗雄偉的谿壑(按臺灣各河流均由一萬尺高度衝激而下，
在急流的中途引起侵蝕作用，到處形成峽谷。所以臺灣山
系，懸崖絕壁，非常普遍，造成全臺無盡的美景) 等等；
在西部，是一些美麗和豐饒的平原，有著一些宏大的、有
小徑穿行其中的甘蔗園，有著一些被最大的樹木所陰蔽並
被最好聞的花朵所薰香著的道路；在中央山嶽部分，一種
絕對未加墾闢的、熱帶的自然狀態，只有夏妥布利昂
(Francois-Rene de Chateaubriand, 1768～1848，法國大文
豪，曾遊歷美洲，對於開拓初期的美洲有極美的描寫和介
紹) 或培納丹‧德‧聖庇爾 (Bernardin de Saint-Pierre,
1737～1814，法國著名文學家兼博物學家，讀他的作品，
最易使人對美麗的自然界發生興趣)的妙筆方能描寫其一、
二。〈納且〉(Natchez，美洲密西西比河畔的印第安部落，

夏妥布利昂用以寫成一首歌頌自然人的史詩）和《自然之研究》(培納丹・德・聖庇爾的名著）兩書中最美麗的描寫部分恰恰適用於臺灣森林的遠景。處於這種未開化但卻壯麗的自然狀態中，臺灣島到處都以一種美麗而又高貴的外表出現，而這種外表從各方面證明最初到來的葡萄牙航海家所給它的名稱「美麗之島」確是恰如其份。臺灣是一個幾乎還封閉著而且無人知道的礦山，這礦山是任何藝術家都喜歡發掘的；他會在那裏找到許多圖畫的題材，找到他在另一個地方永遠不會遇到的種種彩色的作用。可是，不幸的是，藝術家卻不來中國。以東方題材作畫的畫家們，始終巡遊著土耳其、敘利亞、埃及等等早已有人走過的道路，去搜求新的題材，而卻時常不得不重複這些東方國家的古典圖畫：沙漠、藍天、一頭駱駝和一個蹲踞著的阿拉伯人等等。為什麼他們不來中國而尤其是來臺灣呢？一些更饒變化、更富獨創性的動機 (Motifs) 將展現在他們面前，而且此外尚有新奇的吸引力。在六個月之內，一位藝術家便能得到素描、習作和繪畫的最美的收穫，而這一切卻是另一位普珊（Nicolas Poussin, 1594～1665，法國著名古典畫家，生平擅長風景畫，留下傑作甚多）的活躍的想像力

所永遠不能夢想到的！

又說：

不論我們把一國的財富總額或像重商學派一樣按照白銀來
估計，或像斯密斯的門徒們一樣從勞動力來估計，甚或像
某些人一樣綜合這三種幾乎不能分離的要素來探求一國財
富的總額，我們都不能否認臺灣島是一個異常富足的地方。

　　海水總是鹹的，這話是不錯，但是海相則是處處不同。打
開世界地圖，起先看到的是黃海，再是大陸上一個省份有青海，
然後在阿拉伯半島和非洲之間可看到紅海，再北有黑海，又北
有白海，黑白青紅黃，五色俱全，實在湊巧。同是臺灣四周圍
的海，海相東西南北各自不同。西岸黃濁不堪，是因為臺灣海
峽整個大陸棚太淺，起不了沉澱作用。東岸緊接海溝帶，沉澱
快，自然水色淨潔，碧藍可賞。而南北兩端，鵝鑾鼻七星石一
帶，自然是美不勝收。中西伊之助有一小段話可算是知言，他
說：

　　一登上鵝鑾鼻燈塔，立刻受到沉毅、憂鬱的海洋美的撼擊，
既不像日本太平洋岸那樣怒濤威嚇，又不像內海那樣嫻雅
文靜，也不能用壯美、雄大等詞眼來形容，乃是一種沉毅、
憂鬱、威嚴、威壓，教人氣奪的海相。

除了西岸，臺灣的海相無不可觀，無不可賞；即便是西岸，也
有它陰沉、風險的特色。

　　臺灣雖小，河川數量卻多得驚人，共計有一百五十一條。
以濁水溪為最大，下淡水溪（高屏溪）為最長。而大甲溪的特
色，卻是世界奇觀。臺灣地處熱帶及亞熱帶，告訴人家，臺灣
有北極海的寒帶魚，沒有人敢相信。但是這卻是事實，現在大
甲溪上游便有鮭魚 (Oncorhynchus masou)，也稱做 Saramao 鮭。
鮭、鱒原為典型的寒帶魚，環北極海而分佈，南限於地中海、
裏海、中國北海與日本。但是大甲溪本流在桃源 (Saramao) 社
以上，以及雪山、桃山、南湖大山流下的各支流中，都有鮭魚
的蹤跡。此魚的生存條件，水溫以攝氏十度左右為宜，超過二
十度便不能生存；又一公升水中溶氧不足四立方公分也不能生
存；同時因魚體較大，溪水也須要較深而且要有豐富水棲昆蟲
為食。臺灣全島，僅大甲溪上游具備此等條件；桃源以上各處，

水溫皆在二十度以下；水中溶氧量為 5.18～6.47C.C./litre；河床侵蝕已呈平衡狀態，水量較多而流速較緩。大甲溪發現此魚，頗為奇異，因只在上游，與海洋隔絕，遂成為世界鮭鱒類分佈之「飛地」。然而何以臺灣也會有北極寒帶魚呢？這理由頗簡單，因為臺灣是老天所鍾的神山，總得有些奇蹟纏成；不見那整條大山脈，南至太母山，都已劃進熱帶了，隆冬天氣，山頂上猶然有半里方圓的雪，這不是奇蹟嗎？且引大谷光瑞氏的話來做旁證，他說：

中央山脈三千公尺以上地帶，居然有冷杉、圓柏生長得極其茂盛，這兩屬的樹木在日本，要在中、北部高山及北極圈內纔有；而西南部迎風招展著的椰子樹和紅加冬樹，又是赤道海岸風光的林木。多雨的林間，藤蘿繁生；而旱燥的地帶，又見仙人掌赫然指天。基隆南邊火燒寮年雨量多至六千四百八十九公釐，而澎湖漁翁島卻只有八百二十三公釐。火燒寮雨量之多僅次於印度的寨拉潘齊，和爪哇、蘇門答臘及孟加拉灣東側不相上下；而漁翁島雨量之少，中亞沙漠除外，可與僅可播種穀物的寡雨帶同列，比南滿洲只多一點點兒而已。一個地方兼有寒熱乾濕這樣大差距

的氣候，地球上實在少有其匹。爪哇雖和臺灣類似，但是寒氣比臺灣少，在海拔一千六百公尺高之處種小麥，猶然失敗。臺灣真是一塊如意珍寶，要什麼就有什麼。

可見大甲溪鮭魚乃是意中有的事，對臺灣本身來說，自然算不得稀奇。

　　大谷氏著有《臺灣島之現在》，一部部頭很大，極有價值的書。為了本書的校對，還特地放下一切事務，由國外趕回日本。在書中，他一再惋惜人們為什麼不到臺灣來遊，他說：

臺灣到處是天然的恩惠。別的且不說，四時常綠的風光，實在無法教人吝惜讚歎之辭。

又勸那些愛好爬山的人，一定要來臺灣，他說：

近時登山極為時髦，人們冒死攀登日本、阿爾卑斯等高山。其實那些都是三千公尺以下的山，在臺灣，連高山的末席都擠不到。若真的賭死非登山不可，以臺灣中央山脈為目標，有極好攀登的玉山，也有峻峰大霸尖，更有險山大武。

其他三千公尺高峰，可依山勢隨意挑選，莫不曲得其趣。
臺灣值得驕傲之處，就在中央山脈的豪壯風景。

法國著名大地理學家 Elisee Reclus（1830～1905，所著《世界地理》一書，在近代學術界佔有很高的地位）說：

在大洋中再沒有其他島嶼比臺灣更值得「美麗島」(ile de Formose) 這一名稱的了。

一點兒也不失實。

明末釋華佑的《臺灣遊記》是臺灣腹地旅行的最早記錄，連雅堂氏曾見到後山的一部分，現時連後山的一部分也見不到。據連氏〈臺灣遊記書後〉一文，華佑曾經在花蓮港附近理劉地方看到唐開元時代的石碑。這麼說來，唐朝人是曾經到過花蓮地區的了。可惜此書至今似已不傳，現時所傳最早的臺灣腹地旅行記，當推康熙三十六年（西曆 1697 年）郁永河的《裨海紀遊》（原名《採硫日記》）。郁氏於 4 月 7 日由現在的臺南乘牛車向淡水出發。據他說，一出臺南，便見不到漢人。西部平原和部分丘陵臺地，除疏疏落落幾處番社外，很少人煙。隨處可見

到茂密的原始森林，絕少童山濯濯的景象。第一天的日記寫著：

是日過大洲溪（今鹽水溪），歷新港（今新市）、嘉溜灣社
（今善化）、麻豆社，雖皆番居，然佳木陰森。

第二日，即 8 日，夜渡急水、八掌等溪，日記寫著：

車中倦眸欲瞑，每至深崖陡塹，輒復驚覺。
初十日，渡虎尾溪、西螺溪，溪廣二、三里，平沙可行，
車過無軌跡，亦似鐵板沙，但沙水皆黑色。又三十里，至
東螺溪，與西螺溪廣正等，而水深湍急過之。轅中牛懼溺，
臥而浮，番兒十餘，扶輪而濟，不溺者幾矣。
十二日，過啞束社，至大肚社，一路大小積石，車行其上，
終日蹭蹬殊困；加以林莽荒穢，宿草沒肩，與半線（彰化）
以下如各天。

啞束社不確知是現在何村，大概在現在大肚溪北岸，是大肚鄉
的南疆邊緣。當日大肚溪改道繞出大肚北緣入海，舊道（即今
大肚溪本流）水少石多，溪床上滿是高過人頭的茅草，岸上林

木糾結。

　　十三日，渡大溪（即大肚溪新河道），過沙轆社，至牛罵社
　　（今清水）。

因一連下了幾天大雨，18日又大風，大甲溪溪水怒號，不得
渡，在牛罵社盤桓多日。17日雨稍停，郁氏策杖披荊登牛罵
山，日記寫著：

　　既陟巔，荊莽樛結，不可置足。林木如蝟毛，聯枝累葉，
　　陰翳晝暝，仰視太虛，如井底窺天，時見一規而已。雖前
　　山近在目前，而密樹障之，都不得見。惟有野猿跳躑上下，
　　向人作聲，若老人欬；又有老猿，如五尺童子，箕踞怒視。
　　風度林梢，作簌簌聲，肌骨欲寒。瀑流潺潺，尋之不得；
　　而修蛇乃出踝下，覺心怖，遂返。

20日，自牛罵社出發，

行二十里，至溪所，眾番為載行李，沒水而過；復扶余車

浮渡，雖僅免沒溺，實濡水而出也。

清代「番社采風圖・渡溪」

25 日自竹塹（今新竹）至南嵌。日記寫著：

> 自竹塹迄南嵌八、九十里，不見一人一屋，求一樹就蔭不
> 得；掘土窟，置瓦釜為炊，就烈日下，以澗水沃之，各飽
> 一餐。途中遇麋、鹿、麏、麚逐隊行，甚夥，驅獫猲獢（指
> 番犬）獲三鹿。既至南嵌，入深箐中，披荊度莽，冠履俱
> 敗，直狐貉之窟，非人類所宜至也。

郁氏是個老探險家，他自己說的：

> 探奇攬勝者，毋畏惡趣；遊不險不奇，趣不惡不快。

到這裏幾乎要舉白旗了。臺灣之所以美，即在其原始美自然美，
亦即在其無人煙，一經有人煙，尤其是文明一踏入，也就破壞
了。新竹至桃園這一帶，原是一片洪積臺地，滿地青草，僅有
少許灌木，是野生動物的尋食場。日記上寫著，在中港社時，
當地社番告訴他：

> 前路竹塹、南嵌，山中野牛甚多，每出千百為群。

郁氏雖未遇到野牛，卻遇見了大群麋鹿，實在痛快。27 日到達
淡水，日記寫著：

> 余停車欲渡，有飛蟲億萬，如急雨驟至，衣不能蔽，徧體
> 悉損。

大概是蝗蟲，這是大自然生態平衡的設計之一。此後郁氏在關
渡上游，約現在的八仙里靠近基隆河岸（當時是一面大湖），住
下指揮採硫。約 5 月 10 日左右，郁氏想親探北投礦穴。日記寫
著：

> 余問番人硫土所產，指茅廬後山麓間。明日拉顧君偕往，
> 坐莽葛（獨木舟）中，命二番兒操楫。緣溪入，溪盡為內
> 北社，呼社人為導。轉東行半里，入茅棘中，勁茅高丈餘，
> 兩手排之，側體而入，炎日薄茅上，暑氣蒸鬱，覺悶甚。
> 草下一徑，透迤僅容蛇伏。顧君濟勝有具，與導人行，輒
> 前；余與從者後，五步之內，已各不相見，慮或相失，各
> 聽呼應聲為近遠。約行二三里，渡兩小溪，皆履而涉。復
> 入深林中，林木蓊翳，大小不可辨名；老藤纏結其上，若

北投 (Shutterstock)

虬龍環繞，風過葉落，有大如掌者。又有巨木裂土而出，
兩葉始蘗，已大十圍，導人謂楠也。楠之始生，已具全體，
歲久則堅，終不加大，蓋與竹笋同理。樹上禽聲萬態，耳
所創聞，目不得視其狀。涼風襲肌，幾忘炎暑。

這是三百年前的北投，以郁氏老探險家，還受到很深的感動，
特地將此情此景寫下來，藉著他不朽的文字，給北投留下了原
始的風貌；而尤其那一片鳥鳴聲，還說「耳所創聞」，可見是他
過去在大陸上從來沒聽見過的。10 月 1 日，郁氏任務完成，4
日登舟回大陸。總共在淡水住了五個多月，中間經歷番害、鬼
怪、風災、洪水等無數驚魂破膽的事故，回來的大部分人都受
不了這種種考驗，死的死了，走的走了，而郁氏卻能無事而回，
實在真有本事！後來郁氏追憶西部嘉南平原，寫著：

望平原，罔非茂草，勁者覆頂，弱者蔽肩；車駛其中，如
在地底。

　　郁氏以後，再沒有第二個文士敢於踏著他的足跡走第二趟。
因此在中文方面，找不到第二篇描述北路的作品。西洋文方面，

1875 年，美國人 D. Thompson 氏倒有頗細膩的敘述，他還特地
由嘉義轉東北去看著名的龍湖（即日月潭，也叫珠湖）。這一段
路是郁氏沒走到的，錄下來，以補郁氏之缺：

離開嘉義後，我們經過大埔林（一個被池塘環繞著的大市
場，按即今大林）、斗六和九芎林（今九芎村）等村，都沒
有停留。在最末一個村莊，土地變得愈加凸凹不平；我們
已經靠近臺灣中部大山脈的最前鋒的支脈。我們將九芎林
稍稍拋在我們的左邊，而走進一片耕作得很好的美麗的平
原；這平原由一條流貫大山脈之東的大水流後溪水所灌溉。
三小時後，我們到達了那人口眾多的市鎮林圯埔（今竹
山），一條被夾在多沙的丘陵中的河流便從這市鎮上流過。
沿著這條被許多急流形成時高時低的水道前進，我們到達
了另一個展開在北方的、狹長的盆地。在這盆地內有著集
集村，村中的房屋散佈在一條小河的沿岸。從此處起，我
們便須由多石難行的路徑，攀登峭削險峻的高地。我們在
那上面遇到了熟番，他們用臺灣的不純粹的中國話來詢問
我們。這時我們是處在平埔番地方的邊界；處女林無限壯
美地聳立在我們面前：千萬種不同的樹木彼此相併地、沒

有差別地生長在這裏，把它們的高大樹枝混合起來，或是
以一些葛藤或其他攀爬植物互相連結著；這裏有巨大的樟
樹、高矗的棕櫚樹、美麗的筆筒樹，而在下面，又有無數
比較卑微的植物生長在它們的陰影底下，那是羊齒類植物、
有毛的苔蘚、蘭科植物、海金沙、山蘇花等等。必須具有
林內（Charles de Linnc, 1707～1778，是著名的瑞典博物學
家，對於植物方面的分類工作有過極大的貢獻）那樣的學
問方能認識並區分這一切美麗的植物；其中大部分也許連
博物學家也前所未見。

關於日月潭，他這樣寫著：

攀登著峻峭的山坡和險阻的山腹，經過數小時非常辛勞的
步行以後，我們呼吸迫促地到達了一片極端肥沃的、廣闊
的高原，高原上覆蓋著茂盛的植物，而四周則被林木蒼翠
的高山圍繞著。穿過這片地方，我們便進入森林並須再上
昇一段起伏激烈的土地；走出那一直將地平線遮住的茂林
以後，我們看到在高地的另一面，在我們的腳下，有一個
壯麗的湖。湖的周圍風景極佳：從水邊起，茂盛的植物一

日月潭 (Shutterstock)

直長上丘陵，而那些丘陵高處則覆有種種顏色的美麗的樹木；尤其是東邊，那些佳木蔥蘢的丘陵可以說是互相堆疊起來一樣，而這種丘陵之堆產生著最愉快的效果。所有的風景反映在澄淨的湖水中正像反映在一面鏡子上一樣。景物之美，真使我們不勝欣喜，而我們花了許多時間來遊歷那些高地，凝望那些不同的觀察點，乘著番人的小舟在這美麗的自然景色中從事夢想。這種自然景色簡直美到不能以言語形容，而且單是它的回憶仍能使那有幸欣賞過的旅客感到魅惑。絕對沒有什麼來擾亂這壯麗之地的幽靜；絕對沒有，除了偶然聽到迷失在無法接近的樹林中的猿啼，在附近村落中牽引水牛的牧童的叫喚，或是田野間雲雀的歌唱。

Thompson 氏這一段文字，寫得如此虔誠真摯，臺灣整個島這樣完美神聖，開發和文明能不是罪惡嗎？

　　Thompson 氏還深入臺灣府東的內山，他寫著：

經過埔尾、木柵、柑仔林、匏仔寮、茗濃、六龜里（今六龜）等等村莊，到臺灣府以東的地方去作一次遠足，對於

旅客和風景愛好者們是值得一試的事。埔尾是我們在臺灣府以東所遇到的第一個平埔番的村落；一路所經過的都是客家人耕種著的土地。從埔尾到木柵，有二十公里；而從這個據點到甲仙埔（今甲仙）則有兩倍的路程。走出木柵以後，我們便處在那構成臺灣脊地的真正的山堆上；所有這些丘巒都有著險峻的山腹、仄狹的山嶺和深深的山溪；那以建在東端的柑仔林村得名的柑仔林谷，風景壯美；頗受群山鎖閉的這山谷，被一圈高地環繞著，而這些高地的本身又遠遠地被中央山脈的那些山峰所俯瞰。一層高過一層的那些山峰又臣服於玉山，這是那位大膽的國姓爺依據傳說以為永遠不能攀登上去的。玉山的藍色峰頂常常隱沒在那像小小的棉花塊一樣飄浮在空間的雲後。正和柑仔林村一樣，匏仔蓁村從我們越過柑仔林附近山巒以後所降入的山谷北端的萬綠叢中浮露出來；這村莊倚著一些幾乎無法接近的高地，彷彿被一件處女林的大衣包圍著，而這些處女林乃是野獸與蠻人的棲息之地。在到達這驛站之前，我們沿著一條有濃蔭遮覆的美麗的道路前進，路的右邊是一樣可作通航之用的水流，而左邊是一道由扶桑花、玫瑰花、番石榴、薄荷和旋花——夾雜著一些野生的覆盆子樹

扶桑花 (Shutterstock)

番石榴 (Shutterstock)　　　　　旋花 (Shutterstock)

——等等組成的籬垣；或是被肥沃的稻田緊緊地夾住，而稻田中露出鮮綠的嫩秧。甲仙埔是一個沒有任何特殊之點的平埔番村落；它和荖濃一同構成平埔番的前哨；越過他們的地區，人們便進入生番所住的處女林。將甲仙埔從荖濃分開的那十八公里展開在我們所能看到的最雄偉的風景中：一些仄狹的隧道，兩側都是無際的懸崖，崖上蓋著大樹和高大的羊齒類植物，從兩邊崖上連接成穹窿形，卻讓一道澄淨的溪流成為一段一段的瀑布一直降落到崖腳，在那裏形成一方小小的潭，恰似一面反映著整幅圖畫的明鏡；蘚苔叢生的岩石從那些攀爬著的植物中突出；陽光在大塊

大塊的綠色上面嬉戲著；直徑在一公尺以上的壯大的樟樹筆直地聳立者，並且細長得像教堂裏的大蠟燭一樣，完全沒有枝條，達到無際的高度；脫皮的莖幹和寄生植物，成了微風的玩具；經過無數扭曲的藤蔓，將這些樹身和枝條像繩索一般結合起來；到處有些蘭科植物以它們的香味薰香著空氣。臺灣島的這一部分是植物特別顯示其豪華的地方。在雨季，這一地區的光彩該會向一切的描寫挑戰。茪濃位置在一條大溪邊上，那條溪在雨季是奔騰的大江，而在旱季則只是一條溪流；平埔番的地方和生番的區域，即以此水流為二者的邊界。茪濃最多只有一千居民。向北走二十公里，我們便到達了六龜里，這地方也為筆墨所難描述的壯麗的風景圍繞著。在那些覆蓋著處女林的重巒疊嶂的全景中所見到的落日，是我們一生都不會忘記的景色。

臺灣西南部，自來缺少記錄，從中外僅少涉及的遊記，可得一個綜合的景觀：由臺灣府（臺南）南下，在阿公店（今岡山）和楠梓中間，有塊二十里寬的沙漠，大概是海埔地。半屏山與左營中間，有兩面沼澤，蘆葦密如林，其中的一個就是現在春秋閣所在的蓮花池。再往南，高雄壽山那時被稱做猴山，

山上住著一種近似婆洲猩猩的猿猴。自苓雅寮（今苓雅區）到埤頭（今鳳山），是一片無數的沼澤地──包括著名的澄清湖這一區域。每當曙光劃破黑夜，落日斂走晝光，便可看到幾十萬隻海鳥起落，也是臺灣島的一大景觀。

英國人 W. A. Pickering 在其 1898 年所著《墾闢中的臺灣》一書中很憤慨地說：

在前一世紀，一個名叫 George Psalmanazar 的騙子向倫敦社會的人士把臺灣大加宣揚，這人自稱是來自臺灣的日本籍的基督徒，並且用拉丁文寫成一篇奇異的虛構的作品，敘述臺灣的模範政府、繁榮的城鎮和文明的人民。他講述了許多的奇事，其中有一項是說臺灣的太陽一直照到煙囪裏面。約翰生博士（Dr. Samuel Johnson, 1709～1784，著名的百科全書式大學者，英文字典創編者）對於 George Psalmanazar 的智力極其讚賞，對於他的敘述的確實性非常相信。有一次，在一個俱樂部或咖啡館裏面，當一位先生竟敢對 George Psalmanazar 的一些敘述的確實性表示懷疑的時候，約翰生博士竟用這樣的話對他嚴加譴責：「先生，你反駁 George Psalmanazar，讓我老實告訴你，先生，你反

駁 George Psalmanazar，就等於反駁一位主教！」

當然憑 Pickering 氏在臺灣住過七年，會說四種方言（包括臺語）和官話，頗曉漢字，他看到的腐敗政府、榛莽的蠻荒和未開的土著，和 George Psalmanazar 所寫的一對覆，不免要氣憤地說他是騙子。但是這個真實的故事，卻多麼生動地反映出臺灣在世人的心目中是多麼的美，非得有模範的政府、繁榮的城鎮和文明的人民，不足以和它的美相一致。這是多麼合情合理的想法啊！

願 George Psalmanazar 的書，果真成為臺灣的第一部聖典！

第四章

先住民

　　在漢人移住臺灣之前，臺灣早有人居住，通常稱為先住民。先住民種族繁多，從形體上區分，有矮人、巨人、黑人、有尾人、雞距人。

　　恆春一帶的鄉嶠人，在十七世紀時，也還以矮小受人注目。東臺灣人的頭骨上有 Negrito 人的遺跡。據 Albrecht Wirth 的《臺灣島史》，當時在臺灣西南部還傳說有矮人存在。滿州鄉山上，至今還有小矮人遺留下來的矮石屋村，據說這些小矮人早於一千年前已經絕滅。《鳳山縣誌》載：

　　由淡水再入深山，又有狀如猿猱，長僅三四尺，語與外社
　　不通，見人則升樹杪。人視之，則張弓相向。

有這種矮人。

　　先前生活在臺南以東的 Teforang 人，由並不矮小的荷蘭人看起來，也以為是「特別野蠻，幾似巨人」，身高都在一八〇公分以上。

　　在若干臺灣旅行記中，有有尾巴人種的記載。漢移民則一直認真地以為山中的生番長著一條尾巴。

　　基隆附近，確實住著雞距人。郁永河的《番境補遺》寫著：

雞距番足趾楂枒如雞距，性善緣木，樹上往來跳躑，捷同猴狖；食息皆在樹間，非種植不下平地。其巢與雞籠山相近，常深夜獨至，出海濱取水；遇土番，往往竊其首去。土番亦追殺不遺餘力。蓋其足趾楂枒不利平地，多為土番追及；既登樹，則穿林度棘，不可復制矣。

六十七的〈臺海采風圖〉也寫著：

內山絕頂有社，名曰嘟嘓。其番剪髮，突睛大耳，狀甚惡。足指如雞爪，上樹如猿狖，善射好殺。無路可通，土人扳藤上下，與近番交易，一月一次；雖生番亦懾焉。惟懼砲火，聞聲即逃遁。

這些雞距人大概也未曾逃過絕種的厄運。

　　膚色極端黑的黑人種，分佈在東部北緯二十三度至二十四度無路可通的高山中。在小琉球島上也有膚色極其烏黑的一族，被荷蘭人全部俘為奴隸，在安平對岸現在的臺南市一帶做著最勞苦的苦役。他們聚居的地方在舊時的東安坊，人們管它叫烏鬼埕。在當時的鎮北坊，又有烏鬼渡、烏鬼井，現在都已湮沒

在歲月的洪流裏。

Albrecht Wirth 將先住民分為北部群與南部群。北部群是輾轉經由大陸而來的印度支那人種，亦稱後印度人。以泰雅族為主，分成許多支族。Wirth 氏說：

泰雅人也許是苗子或蠻子的後裔，到十世紀為止，這些種族分布於廣東，到現在為止也還有住在雲南及貴州的。臺灣的地名苗栗，與移住在海南島的苗子所建立的村名相同，令人想起那些種族的名稱。他們在大陸上的祖先也許是從

泰雅族人（1863 年，Robert Swinhoe 繪）

湄公河移住於江西區域，也許是從西藏的東側或從很遠的
北方平原移來。

又說：

泰雅人的文法還很幼稚，簡直沒有句子，只把一個個字隨
便排列而已。純粹的泰雅人所住的區域，是大約北緯二十
四度至大嵙崁（今大溪）及宜蘭為止。在大嵙崁及 Teck 之
北，住著 Tangan 民族；Tangsikat 佔據著泰雅人區域的西
南角；而東南角，則有 Nanpo 人住在蘇澳和奇萊之間。以
前泰雅人的地盤比現在更向西向南，因為被迫放棄了祖產
而非常怨恨。在萬金庄（在今屏東縣萬巒鄉）附近的三千
公尺高的傀儡山，是南臺灣人的 Blocksberg（德國的 Harz
山的最高峰），據傳說為妖魔聚會之處，也許是泰雅人的聖
山之一。我們要從這個美麗的島的北部轉視其南部。研究
者原已覺得困難惶惑，現在更覺陷於無路可走的泥淖中。
我們要研究的那些人種之中，有許多滅亡了，往往除了名
稱之外，別無遺物。

德國的 Blocksberg (Shutterstock)

南部群是來自菲律賓的馬來人種。Wirth 氏說：

黑潮發生於呂宋的東北，在 Contra Costa 的陡峭的岸邊和
Batan 及 Bach 等群島中間洶湧地衝擊，然後有一條較弱的
支流流過臺灣海峽，到海參威纔平息。其主流流過臺灣和
日本的東岸到堪察加半島及阿拉斯加去。開始時強烈而急
速，一天流行一百六十公里，因此要從打狗（今高雄）到
雞籠（今基隆）去的木船及較小的汽船，往往寧願繞過臺
灣島的南端，讓黑潮帶走，容易抵抗貿易風而北上。移民

或漂流者往往被黑潮帶往北方。聽說曾經有些人從
Kalabar 及 Patani 到了日本,有移民從呂宋到琉球,有羊毛
似的毛髮的黑人從 Palau 到雞籠。馬來人不能有比黑潮再
好的移民道路。馬來人種由於移動而分離為 Nigro,
Mongol, Indo 等馬來人以及純粹的(蘇門答臘)馬來人,
分離為 Polynesien 人、Dark 人、Bugis 人、Tagal 人等等,
分離為信佛教的、信回教的及異教的馬來人。來得最早的
大概是 Tagal 人及其他菲律賓人種,而南洋人則約從十五
世紀起漂流到臺灣的東岸。最初的 Tagal 人大概在耶穌的
時代乘船而來,以後的則是在相隔不等的時期繼續到來的。
後來的馬來人帶來了很有價值的文化、打鐵的技術及用竹
筏合成的平船或 Katamaran。以前的居民似乎只知道用獨
木船,現在在琉球還有很多。臺灣因馬來人的侵入和移住
而大為震動和改觀。新入者從東南向西南進行,漸漸到北
端為止。以前的種族或被滅亡,或被排斥、兼併、吸收,
或根本改變。於是泰雅人退入山中,對於佔據了他們的祖
產的異族非常仇恨;同時他們也向山中侵略,消滅了矮人
族,而或如野蠻人所常有的,只寬恕了婦女,把她們納於
他們自己的族中。然而他們在南方卻碰到了較頑強的黑人;

於是他們一部分與黑人作戰，一部分與黑人融合。泰雅人當然也不能不受馬來人的影響，然而他們從後者借用的話，至少是很少的。留在平原中的那些種族，無論屬於什麼人種，都受馬來人的影響更甚。馬來人往往以武力爭取地方，也往往以和平的方法獲得之，就是先與其他民族雜居同住，然後以其較高的教養或逐漸增加的人數而造成優勢。馬來人的移民的洪流停止於巍峨的傀儡山，於是分為兩個支流：一向西北，一向東南。在傀儡山（今大武山）之北及東北，馬來人的血和語言只不過徐徐滲入，因為中央山脈太陡峭，黑人及其他種族太頑強。高山的語言也繼續前進到北緯二十三度三十分為止，漸漸馬來化了一半，然而以前的語言也還到處顯露。因為在一切時代，臺灣都被說是人口很多，可知要完全肅清以前的居民，不是容易的事情。尤其是Papua 人的雜種及後印度人，因為人數眾多，往往能渡過了艱險的時代。他們大多數大概仍留在平原中；而愛自由的少數人則退入中央山脈。

漢人也跟 Wirth 氏一樣採取二分法，將先住民分為兩種：住在山中的叫生番或野番；住在平地的叫熟番或土番，也叫平

埔番。番字是一個不好聽的字眼。漢人每稱四周圍未開化或半開化的民族為番，地位介在人與獸之間。番字的起源，應該是藩字，是籬笆的意思。中國四周的民族，好像中國的籬笆，故稱為藩，簡寫便寫作番。就為著中國文明最早，文化最悠久，而四周又往往都是未開化或半開化的民族，久而久之，遂使中國人認為世界上只有中國人纔是人類，別的都是番。這在古文明國大概是一種普遍的現象，如 Buren 人，問他：「那邊是不是住著黑奴？」回答是：「不，住著人。」Pickering 在他的《墾關中的臺灣》一書中一再提到，臺灣土著不論熟番或生番，都認他是親戚。因為 Pickering 是白種人，中國人叫他紅毛番，紅毛番、熟番、生番，都是番，所以是親戚。著者的老家，四周都是平埔族村莊 （應該改稱族），小時候常聽村裏人講一則笑話，說他們平埔族的人看戲，看到薛丁山娶樊梨花，很不高興，罵著：「間 （音幹），轉來去 （回去），微看 （不要看，微讀 mài），刣也刣俺 （音 án） 个 （音 ê） 番，娶也娶俺个番。」可見當年臺灣先住民是很認真地以為番是另一種人類的名稱，並沒有任何鄙夷的含意。但是中國這個自尊自大的民族，卻永遠只會看不起別人，很少能夠反身自觀。

　　Wirth 氏所謂的北部群或漢人所謂的生番或野番 ，關於他

平埔族婦女（1877 年，Paul Ibis 繪）

抱著嬰兒的平埔族婦女（1871 年，John Thomson 攝）

們的人種與文化，最早的記載，當然要推《臨海水土志》。《臨海水土志》的文字，本書第一章已有引錄，這裏不再重出。Wirth 氏敘述北部群，頗為扼要，引錄如下：

他們的膚色較淡，眼睛平直，體格中下。他們對於女人有嚴格的見解，一夫一妻，不容許第二次結婚；通姦是幾乎沒有的。政治制度是很寬大的族長式的；但對於狩獵及戰爭的規律則特別嚴格。戰士可因英勇的行為而成為隊長或酋長。在中央的高山上，也耕種田地，其主要食物是粟米、甜薯及旱稻；然而他們也努力作很有利益的漁獵。他們的衣服，是用鹿皮、草類織物或狗毛製的；在夏季往往全不穿衣。耳朵上用很大的木栓子魚骨等作飾，角齒被打掉或鎪平。髮上有羽毛、魚骨或珠類等飾物。有些婦女帶著撞擊作聲的金屬片，也許為了要使男人知道她們到來的緣故。除了簡陋的住屋以外，他們也有造在四條柱上的倉庫，離地至少有三、四公尺，下面密閉，以防齧齒類及其他野獸侵害。他們喜飲用米及檳榔子做的酒類。他們雖然貪婪，而對於外來的客人則很懇勢，要與客人並坐，從同一盤中吃鹽或飲酒，以示親善；然而最喜歡詭詐地偷襲敵人，以

長刀一舉擊殺之，然後割其頭而狂呼歡躍地帶回家去。他
們也往往還在流血的頭顱中飲米酒，或吃被害者的腦汁，
把煮過或曬乾了的頭顱掛在家裏的前室中，作為最光榮的
紀念物；凡殺了一個敵人的人，可以在鼻子的皺紋上刻一
條長線；所以紋身是榮譽的標誌。單身者住在一所特殊的
屋子裏，必須獵獲了一個頭顱，纔可以結婚。他們很迷信，
特別畏敬鳥聲。他們使死人正坐而埋葬之，在許多地方，
把死人埋在他自己家中的地下。他們尊敬天地及死人的靈
魂。野豬頭和鹿頭在他們的禮拜中是很重要的東西。他們
喜歡跳舞及單調憂鬱或狂躁喧囂的唱歌。

《隋書‧東夷列傳》所寫的臺灣先住民，很難判定是北部
群或南部群，大概北部群的成分居多，本書第一章已有引錄，
這裏也不重出。真正南部群的記錄，最早的當推陳第的《東番
記》。陳第隨討伐日本海賊的明軍來臺。當時日本海賊的臺灣巢
穴在加老灣嶼，南距臺灣嶼（今安平），只隔隙仔與北線尾二
嶼。明軍蕩平倭寇後，在臺灣嶼集合清點，對岸一帶的酋豪來
獻鹿餽酒。可知《東番記》所寫的東番是今臺南市臺南縣沿海
一帶。但是後來張燮著《東西洋考》，全抄《東番記》，卻張冠

李戴，將全文套上被稱為小番的雞籠、淡水名下，把北港、東番二名也一齊吸收進去。這張燮是個極糟糕的人，而後來何喬遠的《閩書》以及《明史》又都抄他的，弄得群史盡誤。而鄭和在大員取水，岡山種薑，還在東港海外，小琉球之北的島嶼歇過，（後人因稱為太監島，據吾友林曙光先生說，郭國基先生先人即住在該島，此島今已沉沒。在這一帶海面已經沉沒的小島嶼為數不少，如高雄港口外原本也有石塔嶼、石佛嶼、涼傘嶼三個嶼。）都證明是臺灣西南部的事，而張燮也將鄭和遺銅鈴的事移到雞籠、淡水，實在太不負責了。陳第的《東番記》這樣寫著：

東番夷人，不知所自始，居彭湖外洋海島中；起魍港、加老灣，歷大員、堯港、打狗嶼、小淡水、雙溪口、加哩林、沙巴里、大幫坑，皆其居也。斷續凡千餘里，種類甚蕃。別為社，社或千人，或五、六百；無酋長，子女多者眾雄之，聽其號令。性好勇喜鬥，無事晝夜習走，足蹋皮厚數分，履荊刺如平地，速不後奔馬，能終日不息；縱之，度可數百里。鄰社有隙則興兵，期而後戰，疾力相殺傷；次日即解怨，往來如初不相讎。所斬首，剔肉存骨，懸之門；

其門懸骷髏多者，稱壯士。地暖，冬夏不衣，婦女結草裙微蔽下體而已。無揖讓拜跪禮，無曆日、文字。計月圓為一月，十月為一年，久則忘之；故率不紀歲，艾耆老髦，問之弗知也。交易，結繩以識。無水田，治畬種禾。山花開則耕，禾熟拔其穗；粒米比中華稍長，且甘香。採苦草，雜米釀，間有佳者；豪飲能一斗。時燕會，則置大罍團坐，各酌以竹筒，不設肴；樂起跳舞，口亦烏烏若歌曲。男子剪髮，留數寸，披垂；女子則否。男子穿耳、女子斷齒，以為飾也（女子年十五、六，斷去脣兩旁二齒）。地多竹，大數拱，長十丈。伐竹構屋，茨以茅，廣長數雉。族又共屋一區稍大，曰公廨；少壯未娶者曹居之。議事必於公廨，調發易也。娶則視女子可室者，遣人遺瑪瑙珠雙；女子不受則已，受，夜造其家，不呼門，彈口琴挑之。口琴薄鐵所製，齧而鼓之，錚錚有聲。女聞，納宿；未明徑去，不見女父母。自是宵來晨去必以星，累歲月不改。迨產子女，婦始往壻家迎壻，如親迎；壻始見女父母，遂家其家，養女父母終身，其本父母不得子也。故生女喜倍男，為女可繼嗣、男不足著代故也。妻喪復娶；夫喪不復嫁，號為「鬼殘」，終莫之醮。家有死者，擊鼓哭，置尸於地，環熅以烈

火；乾，露置屋內，不棺。屋壞重建，坎屋基下，立而埋之，不封，屋又覆其上。屋不建，尸不埋。然竹楹茅茨，多可十餘稔，故終歸之土不祭。當其耕時，不言不殺，男婦雜作山野，默默如也；道路以目，少者背立，長者過，不問答。即華人侮之，不怒。禾熟，復初。謂不如是，則天不祐、神不福，將凶歉，不獲有年也。女子健作；女常勞，男常逸。盜賊之禁嚴，有則戮於社；故夜門不閉，禾積場，無敢竊。器有牀，無几案，席地坐。穀有大小豆、有胡麻；又有薏仁，食之已瘴癘；無麥。蔬有蔥、有薑、有番薯、有蹲鴟，無他菜。果有椰、有毛柿、有佛手柑、有甘蔗。畜有貓、有狗、有豕、有雞，無馬、驢、牛、羊、鵝、鴨。獸有虎、有熊、有豹、有鹿。鳥有雉、有鴉、有鳩、有雀。山最宜鹿，儦儦俟俟，千百為群。人精用鏢；鏢竹棟、鐵鏃，長五尺有咫，銛甚；出入攜自隨，試鹿鹿斃、試虎虎斃。居常，禁不許私捕鹿。冬，鹿群出，則約百十人即之窮追；既及，合圍衷之，鏢發命中，獲若丘陵。社人無不飽鹿者；取其餘肉離而臘之，鹿舌、鹿鞭（鹿陽也）、鹿筋亦臘，鹿皮角委積充棟。鹿子善擾，馴之，與人相狎。習篤嗜鹿，剖其腸中新咽草將糞未糞者，名「百草

清代「番社采風圖‧捕鹿」

膏旨」，食之不饜；華人見，輒嘔。食豕不食雞，畜雞任自生長，惟拔其尾飾旗。射雉，亦只拔其尾。見華人食雞、雉，輒嘔；夫孰知正味乎！又惡在口有同嗜也！居島中，不能舟；酷畏海，捕魚則於溪澗：故老死不與他夷相往來。永樂初，鄭內監航海諭諸夷，東番獨遠竄不聽約；於是家貽一銅鈴，使頸之；蓋狗之也。至今，猶傳為寶。始皆聚居濱海；嘉靖末，遭倭焚掠，迺避居山。倭鳥銃長技，東番獨恃鏢，故弗格。居山後，始通中國。今則日盛，漳、泉之惠民、充龍、烈嶼諸澳往往譯其語，與貿易，以瑪瑙、磁器、布、鹽、銅簪環之類易其鹿脯皮角。間遺之故衣，喜藏之；或見華人一著，旋復脫出。得布，亦藏之。不冠不履，裸以出入，自以為易簡云。野史氏曰：異哉東番！從烈嶼諸澳乘北風航海，一晝夜至彭湖，又一晝夜至加老灣，近矣。迺有不日不月、不官不長、裸體結繩之民，不亦異乎！且其在海而不漁、雜居而不嬲，男女易位，居瘞共處，窮年捕鹿，鹿亦不竭；合其諸島，庶幾中國一縣，相生相養，至今曆日、書契無而不闕，抑何異也！南倭、北虜皆有文字類鳥跡古篆，意其初有達人制之耶；而此獨無，何也？然飽食嬉遊，于于衎衎，又惡用達人為！其無

懷、葛天之民乎？自通中國，頗有悅好；姦人又以濫惡之
物欺之，彼亦漸悟：恐淳朴日散矣。萬曆壬寅冬，倭復據
其島，夷及商、漁交病。浯嶼沈將軍往勦，余適有觀海之
興，與俱。倭破，收泊大員，夷目大彌勒輩率數十人叩謁，
獻鹿餽酒，喜為除害也。予親覩其人與事，歸語溫陵陳志
齋先生，謂不可無記；故掇其大略。

　　郁永河的《裨海紀遊》，在南部群的文化形態記錄上，因其
親歷腹地，後來居上，尤具無上的價值。郁氏這樣寫著：

若夫平地近番，冬夏一布，粗糲一飽，不識不知，無求無
欲，自遊於葛天、無懷之世，有擊壤、鼓腹之遺風；亦恆
往來市中，狀貌無甚異，惟兩目拗深瞪視，似稍別；其語
多作都盧嘓轆聲，呼酒曰「打剌酥」，呼煙曰「篤木固」，
略與相似。相傳臺灣空山無人，自南宋時元人滅金，金人
有浮海避元者，為颶風飄至，各擇所居，耕鑿自贍，遠者
或不相往來；數世之後，忘其所自，而語則未嘗改。男女
夏則裸體，惟私處圍三尺布；冬寒以番毯為單衣，毯緝樹
皮雜犬毛為之。亦有用麻者，厚可一錢，兩幅連綴，不開

領脰，衣時以頭貫之，仍露其臂；又有袒挂一臂，及兩幅左右互袒者。婦人衣一幅雙疊，縫其兩腋，僅蔽胸背；別以一幅縫其兩端以受臂，而橫擔肩上。上衣覆乳露腹；中衣橫裹，僅掩私，不及膝；足不知履，以烏布圍股；一身凡三截，各不相屬。老人頭白，則不挂一縷，箕踞往來，鄰婦不避也。髮如亂蓬，以青蒿為香草，日取束髮，蟣蝨遠走其上。間有少婦施膏沐者，分兩綹盤之，亦有致；妍者亦露倩盼之態，但以鹿脂為膏，羴不可近。男子競尚大耳，於成童時，向耳垂間各穿一孔，用篠竹貫之，日以加大，有大如盤，至於垂肩撞胸者。項間螺貝纍纍，盤繞數匝，五色陸離，都成光怪。胸背文以雕青，為鳥翼、網罟、虎豹文，不可名狀。人無老少，不留一髭，並五毛盡去之。有病不知醫藥，惟飲溪水則愈，婦人無冬夏，日浴於溪，浴畢汲上流之水而歸。有病者浴益頻。孕婦始娩，即攜兒赴浴。兒患痘，盡出其漿，復浴之，曰「不若是，不愈也」。婚姻無媒妁，女已長，父母使居別室中，少年求偶者皆來，吹鼻簫，彈口琴，得女子和之，即入與亂，亂畢自去；久之，女擇所愛者乃與挽手。挽手者，以明私許之意也。明日，女告其父母，召挽手少年至，鑿上齶門牙旁二

清代「番社采風圖‧迎婦」

齒授女，女亦鑿二齒付男，期某日就婦室婚，終身依婦以
處。蓋皆以門楣紹瓜瓞，父母不得有其子，故一再世而孫
且不識其祖矣；番人皆無姓氏，有以也。番室倣龜殼為制，
築土基三五尺，立棟其上，覆以茅，茅簷深遠，垂地過土
基方丈，雨暘不得侵。其下可舂可炊，可坐可臥，以貯笨
車、網罟、農具、雞栖、豚柵，無不宜。室前後各為牖，
在脊棟下，緣梯而登。室中空無所有，視有幾人，為置幾
榻，人惟藉鹿皮擇便臥；夏並鹿皮去之，藉地而已。壁間
懸葫蘆，大如斗，旨蓄毯衣納其中，竹筒數規，則新醅也。
其釀法，聚男女老幼共嚼米，納筒中，數日成酒，飲時入
清泉和之。客至，番婦傾筒中酒先嘗，然後進客，客飲盡
則喜，否則慍；慍客或憎之也，又呼其鄰婦，各衣毯衣，
為聯袂之歌以侑觴，客或狎之，亦不怒。其夫見婦為客狎，
喜甚，謂己妻實都，故唐人悅之（海外皆稱中國為大唐，
稱中國人為唐人）。若其同類為奸，則挾弓矢偵奸人射殺
之，而不懟其婦。地產五穀，番人惟食稻、黍與稷，都不
食麥。其饔飧不宿舂，曉起待炊而舂；既熟，聚家人手搏
食之。山中多麋鹿。射得輒飲其血；肉之生熟不甚較，果
腹而已。出不慮風雨，行不計止宿；食云則食，坐云則坐；

清代「番社采風圖‧乘屋」

喜一笑,痛一聲。終歲不知春夏,老死不知年歲。寒然後求衣,飢然後求食,不預計也。村落廬舍,各為向背。無市肆貿易,有金錢,無所用,故不知蓄積。雖有餘力,惟知計日而耕,秋成納稼;計終歲所食,有餘,則盡付麴蘗;來年新禾既植,又盡以所餘釀酒。番人無論男女皆嗜酒,酒熟,各攜所釀,聚男女酣飲,歌呼如沸,累三日夜不輟;餘粟既罄,雖飢不悔。屋必自構,衣需自織,耕田而後食,汲澗而後飲,績麻為網,屈竹為弓,以獵以漁,蓋畢世所需,罔非自為而後用之。腰間一刃,行臥與俱,凡所成造,皆出於此。惟陶冶不能自為,得鐵則取澗中兩石夾搥之,久亦成器,未嘗不利於用。剖瓠截竹,用代陶瓦,可以挹酒漿,可以胹餚饘。我有之,我飲食之,鄉黨親戚,緩急有無不相通;鄰人米爛粟紅,饑者不之貸也。社有小大,戶口有眾寡,皆推一二人為土官。其居室、飲食、力作,皆與眾等,無一毫加於眾番;不似滇廣土官,徵賦稅,操殺奪,擁兵自衛者比。

日本據臺之時,南部群早已與漢族無甚差異,但是北部群還沒有什麼改變,日本學者大力調查研究,留下許多可貴翔實

的資料，如《臺灣番俗慣習研究》，洋洋八大冊，早已成為人類文化演進史原始階段的寶貴實錄。先住民遲早總要進入高度文明，他們直留到近代，好讓東亞文明得以目擊其自己早年的樣相，以明瞭人類文明的進路，代價雖是高了一點兒，卻也是值得的。

身著正裝的布農族人（1900 年，鳥居龍藏攝）

身著正裝的鄒族青年（攝於日治時期）

盛裝的阿美族人（攝於日治時期）

第五章

移民

　　十七世紀是世界性的大移民時代，在東方是漢人向臺灣、
南洋移民，在西方是歐洲人向美洲移民。臺灣與美國有極其相
像之處。漢人移民臺灣，雖指不出始於何年，但是其起於十六
世紀後半期是可以確定的。到了十七世紀，移民的浪潮，風起
雲湧，已成為一股大潮流。十六世紀中，英國人也向北美移民
過三次，而未獲成功。直到 1607 年始建立第一個聚邑詹姆士
鎮。1620 年，五月花號在朴列茅斯靠岸。其後美國移民也風起
雲湧，百年間已建立了新英格蘭，一如漢人之建立了臺灣西部。
臺灣移民阻於中央山脈，美國移民阻於落磯山脈，故臺灣東部、
美國西部之移民都遲至十九世紀。美國移民以英人為大宗，法
人次之。臺灣移民以福佬為大宗，客家次之。

五月花號（1882 年，William Halsall 繪）

　　福佬人大部分來自福建泉州、漳州，因地處閩南，所以也稱閩南人。閩南人操閩南語，正如閩北人操閩北語、廣東人操粵語、浙江人和江蘇南部人操吳語、江西人操贛語、湖南的一部分人操湘語一樣。大陸語言的紛歧，有似歐洲；地域之大小也很相像。歐洲過去通行拉丁文，等於中國的文言文，是溝通全域的共同工具。後來羅馬帝國崩潰，民族國家勃興，各國方言自成國語，德、法、英、西等國各有文字，大體上以一種方言成立一個國家。中國是東方的羅馬帝國，統合許多方言區為一個大國，因未演變成歐洲式的方言國家（早在春秋戰國時代曾經一度有過），方言一向未能突出，而那蘊藏在各方言內層的各民族（有人用民系兩字）血統，遂一直埋在「大漢」這一個大名詞之下。漢民族之形成，顧名思義，當然是在漢朝。西漢末揚雄所著錄的《方言》，據林語堂氏的統計，共有十四系。可見所謂漢族也者，乃是一種政治名詞，並非血族名詞。如夏朝由北南下，商朝自南北上，周朝在西東來，五胡、女真、蒙古先後入關，如今盡沒入在大漢一名詞之下，了無痕跡。故漢民族實包含有許多各別的血族，在今日仍可從其不同語言上截然劃出，閩南語族便是其中之一。

　　本來閩語（包括閩南語、閩北語）、吳語，都同是商族舊

語，因與他族接觸對象深淺久暫之不等而有今日之分歧。第一章中已引過，《詩經・商頌・長發》篇有「相土烈烈，海外有截」的話，相土是商的第三代王，在海外戰勝，這個海外在大陸沿岸找，最近的是海南島，其次是臺灣（澎湖一向無居民），再次是琉球群島。依照相對關係而論，相土所以出征海外，一定是其沿海領土曾經受到海外的肆掠。這樣看，這個海外，既不能太近為海南島，也不能太遠為琉球群島乃至日本。在後來中國版圖正式管轄到福建，且成為要區的南宋時代，臺灣的小琉球毗舍耶族曾一再打劫過泉州、漳州。這種打劫大概早自相土時代便已發生，這樣推測大概不會差得太遠。依此而論，則相土的地盤不可能在華中以北，只能在華南沿海。再據《呂氏春秋》（秦始皇時代呂不韋門客所編撰）的記載，商朝的本部地望，就可以確定。《呂氏春秋・古樂》篇說：

商人服象為虐東夷，周公遂以師逐之，至於江南。

在這一段話裏，很觸人眼目的是「商人服象」「至於江南」的八個字。周朝原本是西北方的戎狄之族，試唸一唸以周字為聲符的倜字，和以狄字為聲符的逖字，字音是不是完全相同？可見

周和狄原本是同音字，周人即狄人。
周人（即狄人）處心積慮，步步東
侵（《詩經》上有極其詳細的路線圖
似的記載），到武王姬發，乘著紂王
東征，迫不及待，載了文王的木主，
急行軍，沒幾天功夫，趕到商郊。
正值紂王得勝，只帶了少數部隊趕
回京過年。元旦一天，士兵喝得爛
醉。初二早，一早得到報告，周軍

周公像

已入國郊。醉漢們踉踉蹌蹌出去應戰，自然不堪一擊。但是據
孟子所見古史記載，戰況猶然劇烈萬分，以至「血流漂杵」的
程度。武王的滅商，可說是僥倖，也可說是情報戰略好。但是
商的部隊大部分還留在東方鎮壓，周人名雖滅商，其實只得商
的國都一帶。在東方的商朝部隊待整備齊全後，打算反攻復國。
正值武王於兩年以後死去，周公姬旦攝政，被派在商都監視紂
王之子武庚祿父的管叔、蔡叔群弟懷疑周公篡位，武庚乘機煽
動他們起兵，東方的商朝部隊也響應西出。故《呂氏春秋‧察
微》篇說：

有管叔、蔡叔之事，與東夷八國不聽之謀。

便是記的這一件事。於是周公不得不出兵東征，經過三年的徹底性的決戰，商朝的復國運動終於失敗。故上引《呂氏春秋·古樂》篇纔有那一段話。從那一段話可看出，商朝原是南方民族，故他們的軍隊是象軍，和迦太基名將漢尼拔的象軍完全一樣。而他們在復國運動完全失敗之後，最頑強的一部分人又開回原籍江南去了。留下來的商民，後來被周人稱為頑民，上層部分被遷至洛邑監視，其餘下層部分被分配給衛、魯、齊當農奴，命運是很悲慘的。周朝雖將商朝在黃河流域的勢力，經兩次的努力，全部剷除。但是版圖仍極有限。在淮泗一帶，有三十六國共推徐國為盟主，跟周朝對立，也稱王。在江漢至淮潁之間別有近百國共推楚國為盟主，跟周朝對立，也稱王。到了春秋後期，吳、越興於東南，也稱王。周朝的版圖自始至終只局限於黃河流域；即在黃河流域也還有無數戎、狄之族不曾臣服。周昭王南征而不返，那是周朝愚蠢的嘗試。據劉節氏的考證，吳、越都是子姓，也就是商朝的後裔。周朝人一向好作謏語，說吳國是周文王的大伯太伯、二伯仲雍之後。因為當年王季很疼愛文王這個孫子，而文王是老么季歷所出，太伯、仲雍

看出父親這個意向，於是連袂離家出走，好讓位給季歷，以傳
給文王，乃從現在的山西省直走到現在的江浙一帶，經萬里路
途，在那裏建立吳國。像這樣愚蠢的騙術，只騙得三歲孩童，
但是在當時居然騙過一切人。若《國語》一書不是出於捏造，
則連吳國人都相信這一套謊言。故魯昭公娶於吳國，群臣議論
紛紛，以為吳魯同姓，同姓是不婚的。有人問孔子昭公是否知
禮，孔子回說知禮。那人說吳魯同姓，昭公怎麼是知禮。孔子
聽到這話，就說人家糾正他的錯誤，他很高興。其實魯國是周
禮的大宗國，孔子是聖人，吳魯通婚，是根據事實，不理會周
人製造的謊言的。孔子原是商族的人，也不便說破。昭公娶於
吳國的夫人便稱吳孟子，分明是子姓，這是不能騙人的。大概
自今山東省南部起，經江蘇、浙江至福建（或更南至廣東），都
是子姓，即都是商族。商族的最大敵人，是西鄰的楚族。楚的
勢力，最強盛時幾乎盡併商族的地盤，商族只保有浙江以南至
福建與海外的臺澎而已。據《史記‧越王句踐世家》說：

楚威王興兵伐之，大敗越，殺王無彊，盡取故吳地，至浙
江。而越以此散，諸族子爭立，或為王或為君，濱於江（按
指浙江）南海上（海邊）。

是商族勢力又向南退縮。及秦吞六國，退縮在浙江以南的越國，也一併被吞，《史記・東越列傳》說：

> 秦已并天下，皆廢為君長，以其地為閩中郡。

秦末群雄並起，閩越復國（在今福州一帶），得到劉邦的承認。劉邦死後三年，分封閩君搖於東甌（今浙江省南部永嘉一帶）。武帝建元三年，東甌因不堪閩越的攻擊向北遷到江淮之間（今安徽省廬江縣一帶），人數有四萬人。建元六年閩越擊南越，閩越王弟餘善殺王郢漢，漢分封為東越王。元封二年，武帝以閩越、東越數反覆，遂第二次都給遷至江淮之間。據《史記》載，這一次遷得乾乾淨淨，閩中再沒留有越人。但是像漢詩所歌唱「胡馬依北風，越鳥巢南枝」，閩浙一帶的越人，果真被遷光了嗎？如《漢書・嚴助傳》載：

> 秦之時，嘗使尉屠睢擊越，又使監祿鑿渠通道。越人逃入
> 山林叢，不可得攻。

除非像東甌自動願意遷徙，否則誰遷得了這樣的越人呢？孟子

說：「盡信書不如無書。」大概第二次遷至江淮之間的，總歸是
王族及附麗於王族的人罷了。故後來的史書也說逃在山中的越
人又出來了，於是又設了冶縣，屬會稽郡。三國東吳置建安郡。
但是自會稽郡而南，歲無寧日。越人不服統治，連年起事。陳
壽在《三國志》卷十五評論著說：

　　山越好為叛亂，難安易動。是以孫權不遑外禦，卑詞魏氏。

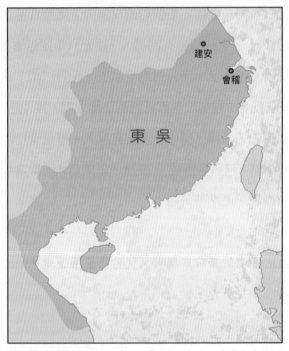

三國東吳地圖

自會稽郡而南，山多平地少。越人因為不服統治而起事，往往
又逃入山中，故吳人索性叫他山越。漢武帝早說過：「閩越
悍。」商族自從在中原敗給周族，一直退居東南沿海，為的是
求得自主自由。故其民性，與老死中原，任由易姓換朝，乖乖
的受人統治者大大不同。林語堂氏說得好：

　　閩粵民性之剽悍好戰，與北方中國人民性完全不同。其面
　　目體材之各別，也可由這一點，得了一個血族統系的解釋。

故越族（即商族）是東南沿海的一個民族，有他自己的血統、
自己的語言、自己的文化，尤其他是追求自主自由的一個民族，
不接受外族的統治，故有剽悍的民族性，因而也很不容易被同
化，故一直保有其純粹性。後來五胡亂華，晉室南渡，據舊志
載，泉州的晉江，是「晉衣冠避地，沿江而居，故名」的，《浯
江郡志》也說：

　　晉南渡時，衣冠士族避地於此（泉州），故名都。

可見這時中原有不少的難民來到泉州，雖說有不少人，究竟不

會太多。不過這是中原姓氏在閩中傳播開來的開始。比如著者的陳姓，是周武王封大舜之後於陳而有的。在東南沿海的越族，自然不會有這種姓。那麼著者的陳姓，是中原來的陳姓呢？還是越族被分配到的陳姓呢？這個已無人能夠確定了。此後中原人和閩越人混居在一起，雙方都因關係密切而互起同化作用。到南宋第二次南遷，自北朝隋唐北宋以來胡漢混合的中原人士也混入閩中，要說對閩中沒有新的影響是不可能的。但是我們從閩南人所操用的閩南語之全不受胡化這一點，以及閩南人保持其剽悍不服外族統治的性格來看，自東晉至南宋，外來人對閩中的影響，或許閩北要深些，而閩南則在外形雖有改變，但在根本上似乎沒什麼兩樣。商族原本是東方鐵的發現者，歷史上第一對鐵劍干將、鎮鋣和漢代在閩中設冶縣的冶字，都可以為證。

　　在臺灣的福佬人因為來自閩南，故其氣性風俗，與閩南本地無異。丁紹儀《東瀛識略》云：

　　漳、泉人畏風，恆以布纏首，而喜赤足；臺人亦纏首，多
　　易以藍黑縐紗，長丈餘，環繞五、六匝以為美觀。

固然臺人奢華，但是纏頭卻不是為了畏風，滿清的狗官自然沒機會得悉其中緣由。W. A. Pickering 總算是外人，纔有機會聽到真相，他說：

> 福建的中國人（指閩南人）和其他地方的中國人還有一點不同之處：他們戴著頭巾，這種東西最初就是為了掩蔽他們剃頭的恥辱。

是有這樣辛酸的內情在的。臺人於實用外再講究美觀，清廷更是不能得知其底細了。現在滿清之亡已有七十年，剃頭的屈辱早已成過去，閩南、臺灣纏頭的風俗也早成歷史的陳跡，但是由這一件事，使我們緬懷先人，覺得他們那時實在既可悲而又可敬。他們不只消極地纏頭，成為東方的阿拉伯人，他們還積極地起來反抗，三年一小反，五年一大反，不失其為求自主自由的越族本色。計滿清統治臺灣二百十三年中，據張菼氏的統計，起義多達一百十六起（不包括先住民），且還有漏列。清世宗也承認著說：「漳泉地方，民俗強悍，好勇鬪狠。」乾隆在被林爽文攪失了面子，也承認著說：「臺民刁悍。」生命的目的在於求自主自由，不只在於求生。若生命沒落到只在於求生，那

是下賤的。越族雖地處南方，天氣炎熱，斷髮文身，以代衣冠，但他們的生命是尊貴的。

臺灣的第二部分移民是客家人，來自廣東嘉慶州、惠州、潮州。客家人原本分佈於廣東、福建、江西、湖南乃至四川各省。到處都稱客家。依據其族譜記載，是五胡亂華時南遷，原籍最北到現在的山西長治縣，近者在現在的河南靈寶縣、新蔡縣、潢川、安徽壽縣。

研究客家源流集大成的，公認是羅香林氏；羅氏著有《客家研究導論》與《客家源流考》二書。此二書著者還無緣看到，但據他人所介紹內容來看，各論點似乎都充滿了矛盾，很難成立。羅氏所以立論不能成立，第一其所依據的資料有偽造品，第二是其所依據的前人研究，多出於感情用事。關於資料之偽，如《曾氏族譜》（此譜著者無緣看到，下面指摘其偽，係根據介紹資料）：第一、這樣完整的族譜，中國迭經兵亂，居然能不斷不缺記載到漢元帝時代，一看就知其真偽。第二、族譜載漢光武帝時曾曜為福州刺史。按福州是唐玄宗開元年間所置，光武時代只稱冶縣，隸屬會稽郡，連同九江、丹陽、廬江、吳、豫章，共六個郡，歸揚州刺史所部，那裏有那麼大的福州？這種偽造的文書，羅氏不應該看不出來。又據各族譜，其原籍地望

遼闊，有在山西的，有在河南的，有在安徽的，怎麼會合流成
為一族共同的客家呢？且推論時，還應該顧慮到，為什麼所有
南渡的漢族都沒一樣稱為客家？因為照客家研究者對客家一詞
的解釋，他們是北來的客戶。難道漢族南渡的，只有這麼一小
支不成？可是研究者們又不肯這麼說，也不敢這麼說。再是，
羅氏也說，客家人是漢族裏頭一個系統分明的支派。然而同是
漢族南渡，別的漢族都和土著打成一片，不再系統分明，而客
家為什麼會是例外呢？這樣的講法，倒不如說，客家是外族，
不是漢族，要更合理。其實客家本來便是外族，並非老漢族，
就因為事實如此，研究者抱著漢族的觀點去研究，自然無法得
到合理的解釋（即不能自圓其說），而漏洞百出了。

　　據 Wirth 氏說，第九世紀時，在中國西北方，有 Haka 人建
立一個國家，不久為韃靼人所滅，見於俄國史家的記載。客家
兩字，客家人即讀 Haka，不會是巧合。Haka 人亡國以後，遂
向東南進入中國。幾經殊死戰，剩餘的人數自然不會太多，且
正值唐末紛亂，故未引起中國人的注意，不見於中國史書的記
載。Haka 人入中國以後，取客家兩字為名，一來做為 Haka 的
音譯，二來示不忘本，三來適合其在中國的名份，以中國為主，
則彼為客。故到四川稱客家，到福建、廣東都稱客家，正如羅

氏說的系統分明，和南渡的漢人不一樣。南渡的漢人雖起初也自認為客，但不稱客家，日子久了，且與土著或先來的漢人打成一片，至今「系統」已不「分明」。而客家至今還「系統分明」，若非有其特殊的原因，必不如此。又另一最顯明的事，就是客家女人不纏足。纏足的事，據說起於五代的南唐。風氣流傳，慢慢的遍於中國。客家人入中國在於唐末，尚未有纏足之風。其後風氣大開，客家不受影響，其理由頗可解釋。客家本是塞外民族，馳騁草原，端賴天足矯健，中國人作繭自裹，客家人纔不理這一套呢！況且客家風習，不異塞外其他民族，男人作戰，女人作活，至今此風未改。中國女人原本是「良人所仰望而終身也」，全依賴男人作活，纏足以美其臀（今天穿高跟鞋），取悅男人，自然理無不順。然而客家女人若亦傚中國女人，纏足美臀，不事生產，豈不絕滅種姓？這是斷斷使不得的事。而《曾氏族譜》只知福州刺史，也可證客家人之入中國在開元以後，此譜無異自己記下了年限。再是 Wirth 氏強調客家人在人種學上，顯然屬於塞外人種，全不似漢人，這一點也是有力的記認。

客家人自衛意識格外地強烈，求生意志格外地堅決。故客家給人的印象是精明強悍。況且又進入原本強悍的越族區域，

客家民族性，遂不得不被塑成達到極限程度的強悍。培養成舉
世無匹的團結精神，達到固若金城的境地。Wirth 氏稱福佬人
是「中國人之中最有進取心及喜歡外出的福建人」，E. Garnot 稱
「勇敢而強壯的客家人」。客家人因為太平天國和辛亥革命，被
西洋人譽為「是中華民族的精華，是牛乳上的乳酪」。這固然是
事實，但是若不是福佬人在滿清統治期間發動過一、兩百次革
命，一方面氣力漸衰，一方面滿清盯得緊，怎能讓客家人專美
呢？況且明朝之亡，福佬人以鄭氏為中心，獨力抗清，延續數
十年，豈不可歌可泣？

第六章

拓荒

　　做為閩、粵來臺拓荒者的後裔，我們對於美國先民墾拓的故事，知道的可是很不少，甚至可如數家珍般地數說，但是對於我們自己的先人在臺灣的拓荒，卻幾乎完全不知。這當然是一種罪過，可是這罪過卻不能由我們負；這當然是一種恥辱，可是這恥辱也不能歸我們背。美國有夠多的作家，將他們先人墾拓的經過，活生生地表達在豐富的小說裏；有夠水準的電影公司（包括編劇、演員、導演、製作人），將他們先人墾拓的經過，活生生地表達在豐富的影片上。我們沒有作家，沒有電影。我們有的是三家村學究，有的是露天戲小丑。一種淺薄狹小純然是民間土俗的局量，永遠封閉著這個「萬派汪洋，一島孤峰，磅礡鬱積之氣，互絕千里」的「山海秀結之區」的臺灣；沒有開闊的學術廣量，是一個看來永遠直不起腰來的小百姓群。這樣的所謂作家、所謂電影，永遠也挑不起那樣重的歷史擔子來的。然而不論如何，我們此時有現成的田地耕，有現成的道路走，有現成沒瘴氣的空氣呼吸，有現成沒劫殺的環境居住，這是事實。有一首流行歌教人飲水思源。也許飲水可不必思源，住在渤海口的人，怎能想像到萬里外的河源？滔滔滾滾之水，起於涓涓滴滴。一條大河，是愈到下游水勢愈大，河源反而是無足輕重的。若有人說飲水不必思源，那也沒話可說。可是若

真要飲水思源，三百年前來臺灣披荊斬棘，一寸土地一寸血汗，遂至有今日的拓荒者，纔是現時生活在臺灣一千七百萬人應該思的源。

拓荒並不是件容易的事。美國人遇到的困難只有番害一種，即印第安人為了自衛而殺害白種人。我們的先人則除此而外，還有更可怕的瘴癘。拓荒簡直是件賭命的事業，不是有十足的勇氣和十足強健的身體，那是不可能的。荷蘭人蟠踞安平、赤嵌將近四十年，現時的臺南市一帶，當時早已開闢成可居之土，但是鄭成功登陸之初的情形，彭孫貽的《靖海志》卻這樣寫著：

初至，水土不服，瘴癘大作，病者十之七、八，死者甚眾。

可知出了現在的臺南市，更加的難保。1697 年郁永河在府城採購採硫必需品，打算北上淡水。他的同鄉警告他說：

客秋朱友龍謀不軌，總戎王公命某弁率百人戍下淡水，纔兩月，無一人還者；況雞籠、淡水遠惡尤甚者乎？

當時諸羅、鳳山二縣縣令都不敢到任，只在府城當寓公，可知

瘴癘的險惡。G. L. Mackay 於兩百年後還寫著：

臺灣地方的日光強烈，濕氣很重，所以動植物的生長都很
快。全島很少不毛之地，巖石上也有青苔蔓草，野樹上都
有藤蘿纏繞。但是因為生長既速，朽腐也快，所以臺灣有
一種最兇惡的疾病，就是瘧疾。這是籠罩這個美麗島最久
的黑雲，在人民之間造成莫大的災害，往往成為許多其他
疾病及死亡的原因。每家很少隔三個月的時間不病倒一人
或更多的人。在炎熱的時季，土人往往突然為這種病所侵
犯，甚至於在數小時之後就死亡。亞洲的霍亂和瘧疾的細
菌，為風所帶走，像疫病似地橫行於島上。臺灣的氣候的
這些致命的禍害或數月之久沒有顯露；然而往往突然發作，
以致醫生無法施救。這種可怕的疾病，其真正的起因，無
疑地是有機物的分解而發生的瘴氣的毒性。在我們造淡水
女學校時，因為翻起了泥土中的腐敗物質而引起了毒性。
掘土到數呎深時，工人們輕重不等地生病，一直到校舍完
成為止。有一種奇怪的現象，是一手一腳或身體的一邊不
會害病，經過一切階段，而其他部分則健全如常。

E. Garnot 也有類似的記載：

他們死於什麼疾病呢？死於赤痢、一般衰弱、傷寒症等，但尤其是死於一種被醫生們稱為「森林熱」的怪病。這種被人叫做瘧疾的寒熱的發作，人們都歸咎於當地溶解有植物性物質的飲水中毒。這種病由激烈的頭痛、暈眩、嘔吐開始，隨後便突然發熱，以至死亡。病的全部發展每每只需數小時的時間，因而有人早晨還是壯健的，午後卻已經死去，連將他送入病院的時間都沒有。

Mailla 神父（漢名馮秉正）早於 1715 年也有親歷的記載：

如臺灣的那些河水，能像利於稻田的灌溉那樣，一樣可供飲食之用，則此島一切便十全十美了。但此間水對於外國人卻為迄今尚無法補救的毒品。當我來到南部以後，知縣派為我用的漢人──是一個頑強的男子，絕不相信此間水有毒之說，飲水以後經過五天就死了，所有興奮劑與解毒劑完全無補於事。唯有首府的水是唯一可飲的水，中國地方官吏常為我以車來送水。

因為熱帶生物暴長，繁殖極其快速，若非有特殊的設計，很難維持生態平衡，瘴癘就是熱帶自然平衡的一個大法則。若沒有這一條大法則，其他生類且不說，則必有人滿之患，如今日臺灣人口一千七百萬，蕞爾小島，早已不勝負載。自然生態平衡一旦失調，後果將只有滅亡之一途。現時我們生活非常的快意，沒有任何熱帶疾病，但是這種快意中卻含有莫大隱憂。開發使能源枯竭，污染使地球癱瘓，將來人類大概是會自食惡果。但是叫我們再去過先人所過的生活，我們不止不願意，也沒有那樣的膽子。想像先人拓荒的第一步，就得闖過各種致命的熱帶病，不禁使人不寒而慄，然而我們也於此而見先人的大無畏勇氣，實在令人不由肅然起敬。

除了瘴癘之害，拓荒中最大的危險無如番害。番害不限於生番，也不限於近山地帶。如第一章所引荷蘭人的航海日記，1619 年，便有一百多個漢人被小琉球的毗舍耶烏鬼番殺害，地點可能在海中船上，不然便在現在高雄一帶海岸。《巴達維亞日記》1636 年 11 月 26 日也載：

Vavorolangh 的土人，對於魍港附近的中國漁民和燒石灰者，時加傷害或殺死，應予懲罰。

Vavorolangh 也寫做 Faverlang, Favolang 或 Fabolangh，在濁水溪口南，今雲林縣崙背、麥寮二村以北。魍港即北港的出海口。荷蘭人於 1641 年出兵征伐 Favolang，在其地建教堂，Favolang 語遂被編進世界語中。

　　海中、海岸的番害都發生在早期，這一時期過後，番害遂跟著墾拓的深入，而移進內地，而其害則更為慘烈。永曆二十二年（西曆 1668 年），林圯奉鄭經命帶兵到斗六門（今斗六）屯墾，墾地擴展到水沙連境內，現在的竹山一帶，水沙連番日出攻擊，林圯築柵以守，被圍食盡，終於在十月間和帶去的兵卒一起殉職。竹山原名林圯埔，就是為紀念林圯而起的。像這種有紀念性的地名，最好保留，不要輕易更改。故後來郭百年入墾埔里平原，便招了一千多人，與生番相持一個多月，用奇計焚殺，生番不敵，逃入深谷中，聚族哀號有半個月之久。宜蘭平原，先有林漢生招眾入墾，為番所殺。故吳沙第二次便招了近千人，纔敢進入；又用醫藥收番人之心，還且不免於廝殺。黃叔璥《番俗六考》載：

　　羅漢內門、外門田，皆大傑巔社地也。康熙四十二年，臺、諸民人招汀州屬縣民墾治。自後往來漸眾，耕種採樵，每

被土番鏢殺或放火燒死，割去頭顱。

陳淑均《噶瑪蘭廳志》載：

生番尚武勇、性嗜殺，或五、六名，或三、四名，潛蹤出
山，伏在菁深林密之中。見行人多，則匿而不動，行人即
由其身旁而過，亦不之覺；若一、二人往過，彼手鏢極準，
從背後一射，已中入要害矣。全臺雖各有生番之害，惟蘭
地實逼處此，其害尤甚。

連雅堂《臺灣通史·撫墾志》載：

雍正六年冬，山豬毛（今三地門）番亂，殺漢人二十有三
人。九年，大甲西社番林武力潛謀作亂，結樸仔籬等八社，
以十二月起事，恣焚殺，居民多被戕。十年五月林武力復
結沙轆、吞霄（今通霄）等十餘社齊反，圍彰化縣治，居
民逃避，號哭於道。十三年，眉加臘番亂，眉加臘為彰化
野番，頻年以來，輒出沒於柳樹浦、丁臺各莊附近（今霧
峰以西，南柳村、丁臺村一帶），焚殺居民。當開墾罩蘭

　　（今卓蘭）之時，移民日至，伐木治田，每遭番害。光緒
　　十六年三月，牡丹社土目率番丁數人至田中央莊，狙殺莊
　　民三人。莊民亦殺其番，烹之。牡丹番怒，合高士滑、加
　　芝等社，可五、六百人，以攻柴城（今恆春北之車城）、田
　　中央二莊。莊民禦之，激戰數日。十八年六月，射不力社
　　番殺楓港（在車城北）莊民，民亦殺之，番遂夜襲，有眾
　　千餘，莊民聞警，併力拒戰。

屠繼善《恆春縣志》載有夫婦下田，同為番所殺者數起。可見
拓墾中番害之烈。

　　所謂番害，除了番人性野好殺的理由之外，出於生物保衛
地盤的動機實佔泰半，是非曲直正難說。但是移民的浪潮一波
一波地湧來，大勢所趨，莫可拗遏。美國的拓荒電影描寫得很
多，當年紅番也經過無數次的衛土戰，終於徒然無功；臺灣的
情形也完全一樣。臺灣和美國的拓荒史，不外同是一部土著與
移民血灑山河的爭戰史。時至今日，爭戰早已成過去，荒野早
成良田，然而每一寸土中，無不沾有我們先人的血，他們無不
是我們幾世上或十幾世上的親人，想來不覺心痛。

　　番害大體上可分為兩種：一種是抗官的叛亂，一種是平日

的狙殺。前一種規模大，驟起驟息；後一種則如細水長流，日日有之。前一種生、熟番都有，後一種則只限於生番，熟番則甚少有。前一種為害雖烈，但其發起有時；後一種則隨時可有，防不勝防，教人提心吊膽，構成拓荒者恆久而又普遍的危害。其受害者，大抵是在近山墾耕，或入山採藤、取棕、伐樟、下鹿或旅行的。關於這一類番害，G. L. Mackay 在其《自遙遠的臺灣》一書中有親歷與調查研究的詳細記述。

1890 年 8 月，Mackay 氏帶了一批學生自淡水出發，到東部佈道，一路上遇到了生番出草的事。他寫著：

我帶了一批學生，從淡水出發，爬過雞籠（今基隆）之南的山嶺，進入噶瑪蘭平原（今宜蘭平原）。我們沿山麓走去，經過一個谷口時，聽到狂呼慘叫之聲。有一個漢人氣急敗壞地跑來，說道他的同伴中有四個人剛被生番刺死了，且割了頭，他自己是機警地逃走了的。我們又在一座小山的俯臨海上的懸崖上前進，由我自己領先，剛走過谷口時，有三個生番攜槍衝出來，攻擊稍在後面的幾個長老。幸喜這幾個長老非常機警，躍入水中，逃避了他們的襲擊。

在南風澳（今南方澳）時，他寫著：

生番是很狡猾而大膽的。他們往往在沙中仿作海龜的足跡，
若有村民出來捕龜，就突然從隱伏處跳出，用長槍刺他。
某天晚上，我走到大門口去，聽到樹籬中有吹口哨似的聲
音。我急忙退回，察覺有數十個生番在外面；他們看到我
迅速的動作，以為已被發現而逃走了。

他解釋南風澳這個村莊的來由說：

我們登到平埔番的村子猴猴仔社的遺址去。該村差不多是
在生番區域中，生番和他們原是和洽的，後來因為有幾個
村民把狗肉當做鹿肉給他們吃，就互相仇恨了。生番知道
了受騙之後，誓必報復，因而發生鬥爭。猴猴仔社人不得
不離開該處，遷到北方三哩處的蘇澳港去，許多人死於瘧
疾及其他熱病。殘存的人選定了另一個地方，建設新村，
名曰南風澳。自從爭執發生之後已經過了五十年，迄未成
立和解，番人仍為他們誓不兩立的敵人。

Mackay 氏回憶早前經歷的番險，寫著：

一八八四年，在一個近海的村子裏，雖然有一位牧師，而還沒有教堂，村民們要在夜裏攜槍巡邏，以保護他們的家屬。有一次我們到那裏去的時候，生番正在出草騷擾，男女老小的教友一直坐到天亮，時時高唱優美的讚美歌，也唱他們的山歌野調，使山谷發生回音。番人則在外面徘徊著，時時投擲石塊等東西。我曾經在那裏從一個人的大腿中割出一個鐵箭頭，是番人用弓射來的。這個箭頭簌在肉中幾乎有五吋深，已歷四個月之久，看起來非常可憐。那個人日夜看著它慢慢腐爛，痛苦日益激烈。我當時帶著外科器具，費了二小時功夫把箭頭拿出來，放在那人的手上，他感激得五體投地。

一八七六年六月四日英國軍艦 Lapwing 號曾經在這裏（蘇澳至花蓮之間）在風浪很大的海中下錨，其司令官、重要軍官及我自己進了一隻救生船中，由六名水兵駕駛，沒有任何防衛的武器，划向岸上。有幾百個番人從山角上下來，看著我們。我們努力要使船靠岸，而為大浪所阻。於是我們對他們呼喊、招呼、向他們投擲幾個白亮的銀元。他們

是裸體的，形狀兇惡；但我們未想到危險——祇想上岸去看看他們。大浪救了我們。假如我們能上了岸，恐怕一個人也不能回來了。有許多魯莽的探險家被那種番人在該處殺害了。

一八七八年，海軍少校 Shore（現任英國海防司令官）請我到英國軍艦 Lapwing 號上去作客，沿臺灣的東海岸南下。這艘大軍艦在蘇澳灣停泊時，有二十四個水兵獲准登陸，由軍官 Murray 率領。他們叫人在巖石上燒起了火，帶著拖網而去捕魚。我陪伴軍官，在海灘散步。忽然有個漢人跑來，指點近水邊的幾塊大石頭，卻不講話而走掉了。我依那個方向看去，見有什麼東西走近來，原來是人頭獵取者，他們像老虎似地向水兵爬過來，到了可以用槍打得到他們的地方了。我不說明理由叫人把火移到另一個地方去，生番知道已被人發覺了，速即在黑暗中逃走了。假如我不發覺他們的話，他們的計劃一定成功，在黑夜裏是不會被追到的。水兵帶著魚欣然回來，把魚放在燒熱的石上烤熟，吃得津津有味，等到他們歡宴完畢，我們都安然回到船上之後，我纔把他們的危險告訴他們。

Mackay 氏還親身參加過漢人與生番的夜間混戰，他寫著：

從大嵙崁（今大溪）深入內地處，有一個漢人的部落及貿
易站。一八七七年，我曾經在那裏目擊漢人和二十四或二
十五個生番的戰鬥。生番分為兩隊，各攻擊一個地點，其
中一隊已獲勝利，帶了三個人頭而逃走。另一隊包圍了我
們所在的營地。他們的戰友的吶喊聲使我們驚起，我們就
出去抵抗。假使遲幾分鐘的話，他們必定會燒掉我們的柵
欄，把營內的人殺光。我們發警報，全部的人群起來追擊。
生番一度逃到開墾地的範圍以外，再行集合，回頭追擊追
逐者。於是發生了一場血戰。雙方都有武器，生番敏捷地
仰臥地上，舉起一足，把火繩槍平放在足趾中間，放槍非
常準確。這些兇悍的馬來人（應該是印度支那人）始終像
惡魔似地跳躍、狂呼、放槍，堅守其陣地約一小時之久。
但是漢人也不畏怯，終於不怕死地衝鋒，把生番逐回山中。

1873 年，Mackay 氏初次訪問深山中的生番，從淡水出發，
由土人和酋長們護送著，走了三天。頭天晚上，被生番監視著，
在大山谷中過夜。第二天一早，要生番帶他們去看他們的部落，

生番酋長卻將他們帶往相反的方向，來到一塊開墾地。Mackay
氏寫著：

> 我和 Bax 船長（英國汽船 Dwarf 號的船長）開始懷疑酋長
> 別有用意。我們到了一塊開墾地上，酋長退回而告訴我們
> 說：「那些茅屋中有漢人，如果我們肯走過去，從外面牽制
> 他們，他的部下可以狙擊他們，他們不能逃走。」那個老
> 壞蛋想利用我們為獵取人頭的兇手。我們因此大怒，嚴厲
> 詰責他不誠實；我們遠道來訪問他，他卻欺騙我們。通譯
> 把我們的話翻譯給他們聽，他們都靜聽著，睜目顯示憤怒；
> 然後互相談了一會兒，似乎怒氣緩和了。酋長承認他自己
> 錯了，應允帶我們到他們的村落去。

　　Mackay 氏關於生番出草獵人頭的種種可怕的手法用了一
章的篇幅來敘述，似乎是經過一番調查研究，他寫著：

> 獵取人頭是臺灣生番的主要熱情。他們從小到老專幹這件
> 事情，以永不冷卻的熱情及絕不後悔的殘忍實行之。鹿和
> 野豬也許不再足以激動老酋長的熱情，而他的右手的巧妙

的技能是到死為止不會喪失的。勇士們如能獵獲人頭而回來時，他認為是無上的光榮。他臨終時的最後願望，是要兒孫不弱於祖先，也能巧妙地潛行和確實突擊，以增加種族的榮譽。

番人是天生的獵夫。他們有獵夫的本能、敏感及耐性。他們能知道獵物的習慣及出沒處，能不厭煩地等待，能追逐得很遠。他們的腳是軟的，瞄準很正確，專心從事於狩獵。獵物若是人，那麼他們就更加熱心，因仇恨而絕不鬆懈。任何獵犬也不如他們善於探索氣味，任何虎豹也不如他們善於躡足潛行。他們出去打獵或遠征，絕不輕率從事，而是精密周到地預先計劃的。事先往往要考慮數星期或數月之久。他們隱伏於山上，監視著平原上的犧牲者的一切動作。農夫們在什麼時候來去，什麼時候割稻或取蔬菜，漁夫們什麼時候出門及回家，鄉下人之中誰到城裏去，一個村子的防禦力如何，在何處及何時最宜實行襲擊——他們的斥堠在指定日未到之先就早已知道這些情形了。

一個人頭獵取者的裝備是很簡單的。必需的用器不過一支槍、一把刀、一隻袋子而已。槍是竹製的，約二十呎長，有一個鐵製的箭形的頭，長八吋。這種槍是輕而堅固的，

容易使用，他們常帶在手中。刀是鐵製的，長十八吋，有尖鋒，大抵是彎曲的，有一邊開著的硬木鞘。番人常繫帶子，常把這種刀插在帶上。袋子是用粗麻索編成的，像一頂網似地開著，放在肩上，用帶子繫在頸上，可以裝三至四個人頭。每個人頭獵取者有一支槍、一把刀和一隻袋子。他們有時也帶弓箭，偶而也帶一支火繩槍。

他們常在狙伺漢人，如有適當的機會，隨時隨地要襲擊他們。倘使歷一個月或兩個月之久沒有人頭帶回村來，他們就覺得焦躁不樂。他們的舊時的熱情又發作起來，他們又計劃作一次人頭的狩獵。酋長召集勇士來開會，提出種種辦法；互相討論，襲擊的計劃決定之後，就作種種準備，獵夫們檢查他們的武器。往往有五十人參加遠征；但當他們走近可以看見漢人的邊境時，就分成若干小隊，由最年長及最勇敢的人分別率領。

有時他們在白天出發，則各人單獨地行動。他們知道在何時何地方可以找到對象，注重技巧或公開的搏鬥不如注重突擊及迅速的衝刺。生番雖然剽悍，而心裏卻很懦怯，所謂「隱伏時是勇士，在曠野中卻是懦夫」。他從大石頭或樹叢後面窺看，一直到可以用槍刺到其對象時，突然出其不

意地打去。或在不當心的工人背後爬上去，不知不覺地活
捉他。他們攻擊在林中割藤或取樟腦的工人就是用這種方
法的。漢人很多經營藤工業，雇用許多樵夫。藤往往有至
五百呎者，像蔓草似地爬在其他植物或樹枝上。樵夫在近
根處割斷它，倒回過去，把它像一條長索似地從糾纏的草
木中拉出來。他正在這樣工作時，生番爬上來，用長槍刺
穿他。製樟腦的工作也是同樣危險的。漢人用一把短斧劈
樟樹的幹子，很久跪著俯著。這是獵夫的好機會，許多人
未及回頭看時已被砍去頭顱了。農夫們在近山的田中工作
時也很危險。往往有一座山的斜面已被開墾和種植，而頂
上及對面仍長著草木。生番隱匿在灌木中，視察男人和女
人來往去做採番薯等工作，看準了機會，就把他們打死。
獵取人頭者也往往伏在生蘆草的田中或平野的茂草中的小
路邊，或伏在近海的山峽口。他在等著孤單的行人，猝不
及防地用槍刺他。他們在白天是這樣獵取人頭的。如能獲
得人頭，就把它放在麻繩網裏，儘速地跑回林中，放聲大
叫以通知其同村人；而遭難者的家屬則在山下的平原中驚
疑從未遲歸的丈夫或父親今天何以尚未回來。
但是人頭獵取者更喜歡利用黑夜。他們在黑夜裏是成群結

隊地出動的，事先預定計劃，選定一個孤單的人家，作成一個很大的圓圈而包圍之。將圓圈逐漸縮小，最後發出信號，就開始攻擊。攻擊的方法分急攻和緩攻，急攻時先由一、二人爬到屋頂的乾草上去放火，等待屋裏的人驚醒跑出來，就割他們的頭，裝入袋子而走了；於是一切又歸於靜寂，祇有餘燼在嗶嗶卜卜地響著而已。如果他們所選定的人家，是在荒僻的地方，不會有鄰人來救的場合，他們就用緩攻法，就是先把門口管住，然後從裂縫或空隙中投入燃燒的毒草，以薰死屋裏的人，然後割他們的頭。如果沒有可以這樣攻擊的人家，他們也用許多別的辦法，或利用市鎮有演戲等娛樂，鄉下人因而遲歸的時機，或在夜裏狙擊行人，或在晨昏暗殺去割稻或回家的農夫。終日俯著鋤草或在田裏工作的男人或女人，當然不能時常提防的，最容易成為生番所襲擊利用的目標。漁村中的婦女和兒童們時常害怕黑夜；男人們在晚上出海時，惟恐家裏的人在他們回家以前為殘忍的番人所殺害。因為番人常在村後的山上探視下面的一切情形。

W. A. Pickering 曾於 1866 年 12 月和兩個漢人由一個生番

婦帶去訪問 Banga 族生番。Pickering 寫道：

當我們在那裏等待浦里桑（生番婦）歸來的時候，阿三和
羅烈的意氣又消沉下去了。他們悲嘆著說，他們隨同我作
這次旅行，完全是出於一時的蠻勇。他們說歐洲人都是低
劣的民族，所以也許會糊塗得不珍重自己的生命，而且可
能由於同樣的原因，那些番民也許不會來傷害這些「蠻子」
（指歐洲人），因為他們稱他們為「親戚」（歐洲人漢人叫
他們紅毛番，跟熟番、生番一般是番，所以是親戚）；但是
中國人既然是「人」（漢人纔是真正的人類），就應該更為
審慎一些，如果他們按照他們高超的文明來行動，他們便
會平平安安地住在臺灣府的家裏，不致於和蠻子們在一起
來忍受這一切的危險和苦惱。

他們在 Banga 族的村莊裏住到第二天時，Pickering 寫著：

我的中國同伴們不久便對於這種野蠻人生活感覺厭倦，渴
望重返文明社會。那些小孩子們的遊戲尤其使他們駭恐。
放在一個野蠻的男孩子手中的玩具是一隻木刀和槍或一把

弓箭。他們拿著這些玩具，便作埋伏和獵取人頭的遊戲。在這種好玩的遊戲當中，被害者一倒下去，攻擊者便馬上從埋伏的地方衝出來，假裝割下那個人的頭，並且帶著一種得意的神情把它舉起來。我的辦事員阿三在看到這種模擬的喜劇的時候，表現出一種非常的恐懼，嚇得面無人色，所以幾個比較頑皮的孩子便把他召過去，並且指著他的頭，作出砍頭的姿勢，僅僅是為了增加他的心情的寧靜。這種預言性的揶揄，再加上他們從那平埔番獵人所聽到的一個故事，使羅烈和阿三都急於要回去。那個故事的內容說，Banga 人找到一個「人」（只有漢人纔稱做人）教他們建築他們那種石板瓦房屋，答應給他優厚的報酬，如鹿皮等等。可是，據這個故事說，當這項工作完成的時候，那些野蠻人卻割掉了那個漢人的頭，藉以償付他的報酬。

Pickering 氏說，當他和 Banga 人在一起的期間，他們正在同一個叫做新置莊的客家人作戰，並且還在和茗濃人（平埔族）作戰。

　　1697 年，郁永河在北投採硫，寫道：

余至之夜，有漁人結寮港南者，與余居遙隔一水，纍布藉枕而臥；夜半，矢從外入，穿枕上布二十八扎，幸不傷腦，猶在夢鄉，而一矢又入，遂貫其臂。同侶逐賊不獲，視其矢，則土番射鹿物也。又有社人被殺於途，皆數日間事。又一夕，鳴鏑過枕畔，恐野番乘夜加遺，出戶視之，不見一物。余草廬在無人之境，時見茂草中有番人出入，莫察所從來；深夜勁矢，寧無戒心？若此地者，蓋在在危機，刻刻死亡矣。

若不是真有勇氣的人，像這樣的日子，挨不到三天必定發瘋。我們真無法想像我們的先人是怎樣挨過來的？他們是靠了多大的勇氣纔克服下來這樣無邊無際的危懼的呢？也許他們是勇敢到全無畏懼的，否則他們怎敢跨大海來蠻荒呢？

根據上面的種種記述，對於先人的拓荒，我們所得的感銘，覺得很像是一種不可信的事實，然而卻是事實，是一種悲慘哀痛而值得後世子孫永遠肅敬紀念的勇敢的事實。

除了瘴癘和番害之外，先人的拓荒本來不應該還有別的災厄；但是在墾闢過程中，為了佔耕地、爭水源，移民之間往往不免有衝突，於是造成拓荒中另一項可怕的禍害。我們在美國

拓殖電影中也常常看到，雙方往往糾集鎗手廝殺，其暴行有時還遠遠超過紅番的焚劫。在臺灣，這種情形比美國還更慘烈。因為移民分成泉州籍、漳州籍和粵籍三個大的集團，一地爭鬥，往往延及全島。有時一個村莊，混居三籍移民，平時相處為鄰居為朋友甚者為姻親，一旦分籍爭鬥，則戚友不認，白刃相加。這種爭鬥，有個名稱叫做分類械鬥。若衝突單是為了土地、水源還有話說，演變到後來，因仇恨愈深，連賭場上的衝突，閒談中一句錯話，也可成燎原的星火，實在很不值得。除三大集團的爭鬥，還有姓對姓之鬥，莊對莊之鬥，甚者同一村莊中還有角頭（角落）與角頭之鬥，幾乎無日不鬥。生命財產的損失，實不下於番害與起義。滿清一代，移民起義百餘次，所以一直沒能成功，就是分類壞了事。不然通力合作，那有反不成之理？一個人的性格決定其一生，一個民族的性格也決定其命運與歷史。越族與客族，好也好在其強悍勇敢，壞也壞在其強悍勇敢。因為強悍勇敢故浮躁，浮躁則不能有遠大的胸懷與智慧，自然成不了事。

　　讀者在讀過了瘴癘、番害、械鬥冗長的敘述之後，也許很想知道，先人是怎樣墾地怎樣建屋怎樣過他們的日常生活，甚至他們歡樂的一面是怎樣的景況？

美國西進運動（1868 年）

在美國拓殖電影上，可看到英格蘭清教徒墾地的情形。他們挑選好了一塊平地或谷地，幾家人幫著砍掉分佈在地上的樹木，然後用砍下來的樹幹，一根根橫疊起來造屋壁，屋頂也是木造的。這種房子是歐洲老式鄉下住屋，當初可能是全為抵擋風雪設計的，也能抵擋攻擊者的槍箭，相當實用，只是怕火而已。搭好房屋後，用馬拖掉樹頭，就開始播植。他們的動力全靠馬，犁田、拖車、坐騎，全用馬，有時也用牛犁田、拖車，但是不多。節日時，幾家人老遠地集在一處，歡渡一個難得的

夜晚。然後駕車回各自的農莊。而這樣的夜晚，往往也是印第
安人偷襲的好機會。有時大白天裏，印第安人也會到處燒殺移
民，和臺灣的情形差不多。

我們的先人墾拓的第一步也是選定一片平地或谷地，將樹
木砍除，放火燒掉雜草灌木，然後建屋耕作。但房屋是竹骨土
皮茅草頂，比木屋更怕火，又抵擋不住番人的槍箭，日間在屋
裏坐，夜間在屋裏睡，還可能死在飛槍暗箭之下，實在很不安
全。

Mackay 氏有一段話描述宜蘭平原內地開墾的情形，是這樣
寫著：

我們離開噶瑪蘭而進入大澳平原。這是從噶瑪蘭深入內陸
中的一個新開墾的三角地區，兩邊有樹木茂密的峻峭高山。
這是一塊處女地，是從叢林中新開闢的。拓荒者用刀砍去
蘆草，放火燒掉其他的草木，用大鋤挖掘樹根，然後播種
或種植五穀；這樣開墾了許多土地。他們在幾天之內就造
成了房屋：先把柱子插入地裏，蓋上茅屋頂，用蘆草作牆
壁，塗以泥土，用竹片做一扇門，繫在一邊，留孔以作窗
子，一家人就搬進去住。

　　墾地的方式，如《諸羅縣志》所說：

業主給牛種於佃丁而墾者，十之六、七也；其自墾者，三、
四已耳。

一般都是由有錢有力的人向官廳提出土地開墾申請，登記為墾
戶，然後出資招募大批人手，蜂湧進入荒地，著手開闢。一切
初墾中的生活費及牛隻農具，悉由墾戶發給開墾者，待開墾完
成後，土地所有權歸墾戶所有，稱為業主，開墾者則有永久耕
作權，稱為佃戶，但須繳納佃租給業主，稱為大租。若佃戶再
將土地出租他人，以第二業主身份收租，便稱為小租。墾戶與
佃戶，要不是親戚，便是同鄉、同宗，因為當初墾戶所能招募
的對象，不外是這個關係；這便是分類械鬥的一個自然組織，
也是起義抗官的自然組織。墾戶儼然是一個地方的小封君、小
諸侯，闢地幾千百甲，率眾幾千百人，佃戶平時是佃丁，戰時
（禦番、分類械鬥、起義抗官）則為兵丁，倒有點像從前歐洲
莊園，只是墾戶下的佃戶與歐洲莊園制下的農奴不同而已。至
於獨立自墾的，也都招親戚、同鄉、同姓結集一地，自成村落。
單戶孤門自耕自守的，不是沒有，卻比較地少。這樣的人家，

遇有番害或分類械鬥，大多聞風先徙，否則很少能保全的。

　　牛是田園的主要動力，沒有牛的人便用人力。牛隻之用很廣，用來犁田、拖車甚至可以坐騎。Mailla 神父有很有趣的一段描述，他寫著：

　　牛雖然很多，但因缺乏馬、驢及騾子，所以當作普通騎用的動物來使用。牠們在很小的時候即被訓練，也許你不相信，牠們行走的快捷穩妥實際上與最好的馬完全相同。牠們也有銜鞍等件，常常要花很高的代價。尤其有趣的是看到漢人騎在這些牛上，正像騎在歐洲最好的馬上一樣威風。

耕牛 (Shutterstock)

1898 年，池志澂由石頭營（今屏東縣枋寮鄉石頭營村）橫越蜈蚣嶺到臺東，一路上有熟番兵丁護送。因為生番在途中殺人獵頭一月數起，池氏心裏駭怕萬分。翻過山東後，沿著海邊走，忽見數里外有生番草服佩刀，騎牛呼嘯趕來，池氏嚇得差點兒從轎裏掉下地。原來那是一些已經歸順的生番，不會獵人頭的。漢人、生熟番騎牛已夠奇觀了，當時因為馬少，連武官也騎牛招搖過市。現在想起來真叫人覺得不可思議。這種不可思議的事，著者少時便經歷過。先父算來也是個大拓荒家，手裏拓過千餘甲地，手下通常有五、六百人，著者即降生在力力溪溪床新墾地。因到潮州鎮上學不便，先父特地叫人仿造了一輛公共汽車型的小馬車，可載二、三十人。家裏飼了兩匹馬，太平洋戰爭進行到最劇烈時，兩匹馬都被日本軍部徵用了。不得已以家裏飼的一頭赤牛哥代馬，腳力真的猛得很。有一回，馬夫遠遠看見前面有個騎腳踏車的年輕女郎——那時很少看得到機車，這個馬夫當時還未婚，對年輕女郎興致極高，只聽得「嘩」一聲，在牛臀上抽了兩鞭，赤牛哥本來是火氣很大的，便即時向前飛奔。追過了女郎後，馬夫兩隻眼睛還一直往後盯，又碰上拐彎處，於是連牛帶車，一起掉進路邊的水田裏，翻了半個筋斗。《後漢書》寫著：

　　光武初騎牛，殺新野尉乃得馬。

可見牛當馬用，由來已久。

　　牛車之用很廣，除了載農產品及其他什物以外，最大用途
是當客車。當時的牛車只有兩輪，載人通常以四個為便，載重
通常約七、八百斤。陳文達《臺灣縣志‧風俗篇》寫著：

牛車（攝於日治時期）

行遠皆用牛車，親朋相訪，三、四人同坐，往來甚便。至
於五穀、柴、炭之類，無非駕牛以運，連夜而行；人省永
日之功，牛無酷熱之苦。

　　牛有赤牛、水牛兩種；赤牛一半是取野牛加以馴服的。赤
牛用於旱田（即所謂園），水牛用於水田；拖車則兩種皆可用。
通常一車一牛，載物重則有多至一車四牛的。

　　臺灣馬雖少，賽馬卻也很盛行。Mackay 氏曾在艋舺（今萬
華）看過一次，他說：

參加的馬都沒有韁繩和馬鞍，在數呎高的跑道上單獨地奔
馳。牠們都受過訓練，很喜歡比賽。騎馬者帶著弓箭，與
印度人的 tentpegging（騎馬而以槍挑拔帳棚之木椿的比賽）
之辦法相似，以是否能射中設在跑道末端的一邊的標的物
決定勝負。參加的馬一進跑道，幾乎不需要催促，會自動
地狂奔。有一種風俗非常奇怪，就是要將競賽的馬的鼻孔
裂開。馬術師看見馬在比賽之後氣急得很，以為肺裏的空
氣不能自由出入的緣故，所以要裂開牠們的鼻孔，以求增
加奔馳的速度。

　　漢人農家都養豬，自己人倒不覺得有什麼，但在外國人看來，卻構成一幅奇異的圖畫。Mackay 氏也有一段生動的描寫：

　　豬是漢人很寵愛的家畜。時常可以看見豬在門外徘徊，也往往隨便走進屋內。我們出外佈道時，屢次和一隻黑母豬及一群小豬同室而居。英國人之愛狗未必甚於漢人之愛豬。我到臺灣之後不久，在淡水的家中聽到外面街道中許多人狂呼大叫，也有急忙奔跑之聲。我開門觀看，見有幾個歐洲船員，是從停在港內的一隻船上來的，在街上拼命向我跑來；及至走近時，其中的一人，大怒若狂，問我是否有槍。有一群漢人跟著跑來，似乎也很憤怒，急欲追上他們。我給船員們指點小巷，他們由此逃回船去。於是我轉向那群人詢問為何如此吵鬧。他們回答說：「那些船員用手杖打一個漢人家的豬。」他們都很激昂，倘使追到那些船員，必定會發生事故的。我勸解他們說：「如果船員們再做壞事，我就去告訴官長。」

　　廟會是農人最歡樂的日子，有各式各樣的戲看，有各式各樣的小販賣、各種稀奇古怪的物品及各種甜點。放風箏、打陀

螺都是農閒時的最大娛樂。前些時候電視還訪問過一個六十斤重的陀螺及其持有人，陀螺並不全是小孩子們玩的。晚間的歡敘閒談和壯年人的角力，都是鄉下人一天勞苦的最好報酬。

閩南人是花樣最多的一族人，單是戲則有大戲、歌仔戲、皮戲、傀儡戲、布袋戲五種，舞蹈則有車鼓、駛犁等數種，山歌野調無數。客家人是講實際實用的一族人，花樣比較少。

Mackay 氏概括評論臺灣的農人說：

農民實在是漢人社會中最好的一種人，他們大抵是勤勉、誠實而有道德的，很少做非禮背謬的行為。

Mackay 氏看到臺灣移民拓荒的勇敢與辛苦，使他聯想到他父親蘇格蘭人到加拿大拓荒的情形。他讚美著寫道：

但願那些勇敢的開拓者之光榮的遺骸永得安寧。他們是以大自然之最嚴格的鑄型鑄成的，都有英雄氣概。塵世的財貨，他們所有的很少。他們終日用斧斤在山林中工作，夜間則燃燒柴木，常有煙飄然在他們的簡陋的屋上。他們戰勝了困難，使那個蠻荒偏僻的地方變成美麗安適的樂土。

皮戲 (Shutterstock)

　　他們所做的事情，不僅欲伐森林，也開闢道路，建築房屋，
　　把荒涼的沼澤改成褐色和金色的良田。

這些話也正是我們的先人的寫照，用來讚美我們的先人也一樣
的適宜。
　　陳榮波先生說得好：

　　先民始終以不屈不撓之精神，能從荊棘叢林中，創立家園，
　　其偉大的開拓精神，足令人興奮。緬懷先民，吾人應再度
　　發揚先民之開拓精神。

鄭成功取臺灣戰況

Albrecht Herport 著　周學普 譯

　　1661 年 4 月 30 日，上午及全夜，有濃霧，不能遠望；然而霧散了之後，我們就看見有數不清那麼多的中國木船，在北線尾港口。桅檣甚多，好像光禿的樹林。我們不勝驚駭，因為這是連長官自己也沒有料到的事情，不知道那是我們的朋友或敵人。他們把船分為三批。第一批又起了錨，經過熱蘭遮要塞而到臺灣的南邊去，然後在打狗及新岸地之間下錨，離大員約四小時路程。第二批開到臺灣的北邊去，停在臺灣的陸地和北線尾沙灘之間（在北線尾有一條水溝可通內港），立即使其大部分的兵士登陸。第三批則仍停在北線尾外面，與停在港外的我們的三隻船相距約有大砲的射程那麼遠。

　　他們使人員都登陸，佔領了隘路，攻擊陸上的人民，不管是中國人或臺灣土人，凡抵抗他們的人，他們都把他們殘殺和虐待。臺灣長官一聽到了這個消息，就派了四百人到赤嵌去增援。他們到了那邊只有若干人上陸的時候，發現敵人已經先到了。他們雖然喪失了若干人，而仍奮勇衝過去，進入要塞中。其他的人，尚未登陸，為敵人所猛攻，不得不退回大員。

　　敵人隨即包圍赤嵌要塞，使城中的人無水可飲。雙方日夜不停地放砲激戰，我方突然為敵人所襲擊，而且因為缺乏糧食，尤缺飲水，所以沒有幾天就不得不投降了。

　　受荷蘭人管轄的大員的及臺灣的中國人，大部分是商人和工人，紛紛儘量攜帶著自己的東西而避到較為安全的地方去。臺灣長官聽到了這種消息，就派了一個排長和兩個兵去勸他們也要抵抗，幫助我們擊退敵人。我們遇見二十個也要逃走的人，就向他們勸告，不料他們反對我們，拿了船上的槳和棒來打我們，奪了排長的軍刀，向他的頭上打成了幾處破傷。我們不得已跳入海中，停了大約三小時，直到天亮，我們不會再被看見了，就逃回要塞。我們因此明白：我們所管的人民，連臺灣人也反抗我們了。

　　那天夜裏，隊長 Thomas Pedell 下令在市區築三座砲臺，各設四尊大砲，因為從市區可以攻擊水上的敵人。

　　5 月 1 日清晨，有若干個僕役，帶了隊長 Pedell 的兒子來。他為敵人打成重傷，和他在一起的教師被撕裂了。Pedell 因此大怒，命令立即擊鼓，要親自率領兩個中隊，每中隊一百人，攜帶充分的武器和彈藥而去殺敵，請求長官允許。長官准如所請，我們就乘舢板和一隻單檣帆船出發，到了北線尾，那邊也有我們的三隻船在港外，奉命出擊；他們在海上攻擊敵人的木船，我們則在陸上攻擊他們。於是我們徐徐向海邊前進，遠遠地看見敵人大批地近來了。(在這個地方，有許多低矮的草木，

野生的鳳梨樹等等，差不多半個人那麼高，有許多敵人躲在裏面，我們不知道而從他們旁邊走過）我們的三隻船，一到了敵人的木船之間，就發砲轟擊，秩序很好，能互相幫助。敵人的船很多，也有精良的大砲，他們也用大砲和火箭猛轟我們，要燒掉我們的船帆。

這場戰爭繼續了還不到半小時，起了一陣火花，轟然大響一起，我們以為他們的戰船有一隻毀掉了；然而黑煙散了之後，我們就發見那是我們的三隻船之中的最大的一隻，叫做 Hector von Troja（特洛亞的黑克多），船上有一百人，也和船一同飛散了，一個也沒有逃脫。其餘的兩隻船不得已退回以前的停泊處。相反地，敵人卻很驍勇，陸續登陸，獰猛洶湧地向我們衝來。於是我們的隊長使兩個中隊略微疏開，以虛張聲勢。那時候熱蘭遮要塞中放了一砲，也放了其他的信號，叫我們回去。可是隊長重視榮譽過於生命，不肯退卻，而逕向前進。到了我們接近到小銃可以命中的距離時，敵人把最前面的兵排成一列，並且擺了五十尊或更多的小砲或 Doppelhaggen 在他們前面，在那裏等待我們。

在時常載我們到陸地去的小橈船和舢板上，有裝好了霰彈和小銃彈的四門野砲，我們的兵士開始用以向敵人射擊，敵人

也就用他們的小砲還擊，我們更迫近他們，而放排砲。敵人卻大叫狂呼，向我們衝過來，又伏在我們的後面的敵兵也不再顧慮砲火，而用他們的腰刀向我們亂砍，我們不得已跳入水中，逃回船去。許多人跳入一隻船裏，以致船翻了身，大部分的人淹死了。其餘的人有一部分只好游泳，有一部分則還在水中和我們的隊長一同奮鬥甚久，直至他死了為止。其中若干人看見那隻翻了的船又翻轉來了，就爬上船去，好容易從敵人手中逃脫了。我們二百人之中，只逃回了約八十個。其中的大部分是游水而逃回要塞的，有些人在水中歷九小時之久。

中國人所用的武器是腰刀，是固定在木柄上的像鉞那樣的大刀，以兩手握著而用之。又有弓和箭。四人之中有一人執一面旗，旗中有一個很長的鋼鐵的尖頭，用以代矛。也有像船上的旒那樣狹長的旗，是他們的勝利之旗。也有像騎兵的旗似的旗子，也有分成十二或更多的翼子的旗，是用多色的綢緞做的，也有金色和銀色的；旗上有種種刺繡的圖畫，尤其是他們的種種形狀的神及妖怪或龍、蛇等等的畫像。

中國人從頭到膝部為止穿著鎧甲，頭上戴著鋼盔，以保護頭和項頸，只露著眼睛。鋼盔上有個鋼鐵的尖頭，可用以衝刺敵人。

鄭荷交戰圖（1669 年 , Albert Herport 繪）

　　他們的隊伍秩序很好，他們的軍官大抵騎馬。一個在隊伍的先端，兩個在兩傍，兩個在後面；若有一個兵想離開一步，他們就用刀砍他。

　　5月2日，我們還有兩隻船，因為在其平常的停泊處已經是不安全了，就被派了出去。其中的一隻派到雞籠，去向停在那裏的兩隻船及要塞司令通知我們被圍的情況，使他也設法應付。另一隻則派到巴達維亞去，把我們的情形報告總督，希望他速即派兵和船來援助。

　　然後我們把熱蘭遮要塞市區的砲臺拆除，把大砲搬入要塞內，以為儘可以從要塞用大砲掩護市區。

　　5月4日，我們聽到了異常的喧騷和激烈的槍聲鑼鼓和木塊扣擊之聲，也聽到敵人吹角號和喇叭，好像他們獲得了重大的勝利似的。但不知道究竟是什麼意思。到了傍晚，我們獲悉赤嵌城及其司令官，因缺乏水和糧食而不得已投降了。他和他的妻子及四百人都被俘擄了。

　　臺灣的各地方也有荷蘭人，尤其是在許多有軍隊駐屯的地方；也有獵夫、學校教師及尚未為敵人所俘擄的工人等。他們都集合在一起，其中五十人，武裝齊全，經過「新地區」中走了一夜。當他們在黎明時到了叫做羊廐的兵站時，為敵人所襲

擊，他們立即抵抗，與他們戰鬥，殺了二、三十個敵人，勇敢地且戰且走，終於到了大員要塞。

5月6日，我方下令市區的人民，連婦孺都要棄家而到要塞裏來，並且決定要把市區放火燒掉。

同月7日，我方派 Altorff 及其隊伍去燒市區的房屋，其中的大部分是木造的。荷蘭人藏著幾千張鹿皮的倉庫也被燒了。在那天夜裏，已經有許多敵人隱伏在市區裏，房屋燒了之後，就不得不出來抵抗了，我方也派兵增援，以為可以把敵人打出去，他們卻又隱伏了，帶著了許多小砲和後膛砲，用以使我們受了很大的損害。因為天黑了，我們只好撤退。他們在夜裏陸續開船來，送了五千人入市區，我們從要塞中用大砲猛轟他們，他們大抵是在熱心搶劫，全不顧慮我們的射擊。在我們所放棄的市區中，許多未被燒掉的人家，尤其是中國人家中有許多貴重的貨物，除了金銀錢幣以外，還有種種綢緞及各種生活必需品，都為敵人所佔用，而我們自己則不得不忍受困乏。他們也發見了二千隻現存的糖箱，是荷蘭人用以運糖的。他們實以沙土，把它們拿去用在砲臺上，也擺在各處街道上，以避免砲火。然後他們整夜地放許多火箭到我們的要塞裏來，以為可以燒掉我們的房屋，然而沒有什麼效果。

5 月 12 日，我們的船從雞籠開到大員向長官請示：那邊的人應當到什麼地方去，以避免敵人的危害。長官隨即命令他們：把他們的貴重的貨物，尤其是他們所有的糖，放入他們的三隻船之中最小的一隻，這隻船可以開入港內。我們以為它裝了貨一定會開來的，不料它開到敵人那邊去了。中國人一看見了它，立即用了許多隻叫做祜仔的船和約二十隻櫓船及大批的兵來攻取它。我們因為從要塞中不能充分地射擊他們，就在海邊上另築一座小砲臺，裝了兩門大砲，以為可以阻止敵人，然而沒有多大效力。我們的其他兩隻船也用大砲射擊他們，打毀了他們的三座大砲。他們卻不退卻，而仍兇猛地進迫。那隻船上只有十八個人，長官命令他們放火把船燒掉，而用單檣帆船和小船逃回。然而當他們在船的一邊下來了的時候，敵人已經在一邊上去汲水以圖滅火，已經有一百人左右跳入船中。然而火燒到了火藥，船的後部就被炸熸了；在船的前部的敵人還想奪取尚未受損害的貨物，而火仍繼續延燒，燒著了船帆和有手榴彈的箱子及其他火器放著的檣樓，炸得他們耳昏目暈，死傷很多，終於不得不從船上撤退。那隻船叫做 Emmen-horn，完全被燒掉了。其他的兩隻船，叫做 Grafenlanden 及 Find，也被敵人的約三十隻木船所追逐。我們的船幸遇順風，在敵人中間勇敢地

駛行，各自放砲，互相援助。這種戰事繼續了兩小時，我們的鐵彈都用完了，不得已拿了堅硬如鐵的檀木和蘇方木來，鋸成小片，以作砲彈。敵人用木船從四周迫近，以致砲門不能再開，不得不通過砲門而行射擊，終於只好放棄了這兩隻船。這兩隻船，以為敵人太強，竟自開到日本去了。雖然任何軍船或載兵的船隻是不可以到日本去的，我們卻也有理由可以辯護自己，因為我們被從大員的港口逐出，為中國人所追迫，我們看他們的船中還到處隱藏著許多箭，就可以證明這種情形。所以我們不得不尋求一個較為安全的海港，我們願望留在日本的時候，日本的皇帝始終優待我們。

　　同月 14 日，國姓爺親自率領侍衛艦隊到哨兵站 Bockenstall 來，設營駐兵，其兵營的帳幕是深紅色的。他和三個大官或參謀人員在那裏住了些時候。同一天，有個為中國人所俘的荷蘭人逃回來了，報告我們說：敵人已經在各處進入臺灣內地，要使臺灣人及他們所遇見的荷蘭人服從他們。因為這些人都不情願，敵人就用暴力和酷刑強迫他們。也有一位牧師，曾經使許多人信奉耶穌教，很為臺灣人所敬愛，還有和他在一起的許多為臺灣人所親信的荷蘭人，請他們不要投降，他們自己願和他在一起，到死為止，決不離棄他們。然而這些人都

為中國人所拷問凌辱，或被虐殺，上述的牧師被活釘在十字架上，大批的基督教徒都綁著手，不得不立在他的前面而看他的慘狀。然而這位牧師並不因受刑的痛苦而放棄職務，卻仍至誠熱心地安慰他們，勸他們為了上帝及其鴻恩而堅守信仰，至死不渝，即使像他一樣地受虐待，也不可屈服。這位牧師在十字架上活到同月 5 日為止，終於很快樂地死了。

　　不久之後，敵人在一位學校教師的前面把他的太太姦污，然後把他慘殺。他們對其他的人，尤其是他們的高級人員也做同樣的暴行；斬了他的頭，掛在木樁上，以威嚇他們。

　　23 日下午，有若干荷蘭人從敵人的營中擎著白旗出來，其中也有博學的牧師 Hambroek，他也是很早被敵人俘去了的。敵人派他為專使到要塞裏來送一封信給我們的長官。長官拆開來看，信中寫著國姓爺的要求：他說若願獻城投降，他願意保證安全，予以優待；否則即將作斷然的措置，雖嬰兒也不寬恕。長官堅決地拒絕了他的要求，放在回信裏的只有一包火藥和英勇的決心；要抵抗到最後的血為止。Hambroek 不得不帶了這封信又到敵人那裏去。因為他的太太和三個孩子還被俘去在那裏。他不忍遺棄他們；然而也有兩個女兒在這裏要塞中；一個已經結婚，一個還未出嫁。這兩個女兒萬分悲痛地看老父離別她們

Hambroek 投降圖（1810 年，Jan Willem Pieneman 繪）

而去。

　　這時候因為有信使來往，雙方暫時休戰；可是國姓爺一接到了我們長官的簡單的回信，就召集了他的大部分的軍隊，下令進攻。這些軍隊想在同一天夜裏攻我們的要塞，因此他們派了許多兵進入市區，也運入大砲和彈藥及大約二十個堡籃，把它們堆在人家前面，實以泥土，在其後面設置大砲，於天明以前三小時開始轟擊，以為在天明以前可以打出一條通路，以便在天明時進攻。然而他們開始放砲時，我們從火光中可以看見他們的工事，就以為可以知道他們的目的。我們也不睡覺，也用三十尊大砲轟擊他們的工事。這種砲戰歷四小時之久，我們的很薄的胸牆受了重大的損害，有許多人因石頭的飛散而受傷。天漸漸亮了，我們能很清楚地看見他們的工事，就向他們猛烈地射擊，他們稍稍退卻，不能再接近他們的大砲，因為有打死的人到處躺著，他們的堡籃也有許多被打散了。我們看到了這種情形，就有些人建議出擊，去釘住他們的大砲的火門。長官贊成了這種辦法。因此有六十人出城去，不久就到了敵人的堡籃後面的大砲中間，用它們射擊敵人，同時帶著槌子和釘的那些人，就去釘住了那些大砲的火門。敵人從窗子裏猛烈地射箭，然而為害不大，因為我們能在堡籃後面躲避。

　　然而因為我們把火藥用完了，也沒有得到援助，不得不退卻，把敵人所插在堡籃上的旗及其他武器都拿來了。我們回來時，他們又用許多裝了霰彈的小砲攻擊我們，擊傷了許多人，也有兩人死在那裏。我們回到要塞裏的時候，長官懇切地歡迎我們，他很後悔未曾派人援助，隨即詢問軍士，是否還有人自願再出擊一次，去把那些大砲翻轉，把能夠帶走的帶回到要塞來。有兩百人自願出擊，長官派了一百個奴隸同去搬大砲。

　　這時候敵人又預備好了，把大砲搬入最前面的那些屋子裏，在我們衝鋒時猛烈地射擊我們，擊傷了許多人，也打死了許多。他們也隨即用許多用鉞和腰刀的兵來打我們，雙方勇敢地對打了很久。假使不是從要塞中屢次放砲，打死了他們的許多人的話，那麼彼眾我寡，必定很快就把我們打敗了罷。我們奮戰了三小時，對於那些大砲沒有多大辦法。

　　我們損失了二十人，不能再奉行長官的命令了，就放火燒了所有的堡籃，搬了一座大砲回來，有些人儘量地挾來了許多箭。這些箭可以當作我們所非常缺乏的燃料。

　　傍晚時，我們又派了一百人出去，要放毒藥於那些砲的裏面。他們損失了若干人，完成了任務而回來了。同一天夜裏，他們又想用那些砲，然而向其中一座點起火來，就炸起來了，

於是他們把其餘的大砲都搬開了，在四條街上築了四個堅固的砲臺，架設了更大的砲，用以繼續不斷地轟擊要塞。

中國人的總司令，負責攻我們的要塞，而毫無成績，因此他和他的若干軍官，於 5 月 25 日在他所率領的軍隊前面處斬了。

5 月 29 日，我們把臼砲都搬來，裝了榴彈和石子以轟擊他們的陣地。第一次榴彈放出去，恰好落在大街中，敵人紛紛來看，不知是什麼東西，想用水來澆熄它們。然而引火線燒完之後，那些榴彈在他們中間爆炸了，死傷了很多。

6 月 3 日清晨，有個荷蘭人逃入要塞裏來。他以前是赤嵌要塞內的我們的鼓手，在那裏和其他的人一同被捕，被放在一隻中國人的木船中，昨天夜裏泅水而逃回來，在水中過了七小時之久。他進來之後，向我們報告了許多消息，例如說：敵人在若干天之前，帶了兩千人及約三十個荷蘭俘虜到南方的皇帝的國土裏去。（這個皇帝的領域，在臺灣島上向南及向北有十七處部落以上。他到現在為止對荷蘭人時常表示親善。）無疑地是想探察：皇帝是否願意投降他們。皇帝的人民當初對他們非常客氣，凡他們所要求的東西都給他們。中國人認為這種態度很好，以為再沒有敵人了，就很安心，而把槍械放開了。皇帝

卻和他的官員議定了一個計劃，要在夜裏襲擊中國人，也通知了荷蘭俘虜，叫他們準備協助。他們的計劃在某一天夜裏實行了，約有一千五百個中國人被殺。其餘的中國人逃到甘蔗田裏去了。皇帝下令把甘蔗田都燒掉，使中國人不得不走出來。他們大部分也被殺了，只有少數的逃走了。荷蘭俘虜則在這種戰鬥之後經過皇帝的國土而到下淡水去。他們平安地走了幾天，到了距下淡水我們自己的人那裏。那個鼓手又告訴我們：敵人之中，有許多因下了六星期之久的雨而陸續死了。

　　6 月 5 日夜間，我們聽見在赤嵌方面的水上發生了巨大的響聲，第二天早晨聽說有載著一千磅火藥的敵人的戰船起火爆炸了。

　　13 日，敵人在夜裏大聲叫囂，鼓角齊鳴，我們預料他們要發動攻擊了，我們在前一天已經看見了許多雲梯。他們把許多木船作為火船，想用以放火燒燬停在要塞前面的我們的船隻。有十隻舢板和許多火船同來，船上載著許多人。我們一看到了他們，就從四個稜堡向他們猛烈射擊，打沉了若干隻舢板。他們卻不介意，而竭力要鉤住他們的火船，向我們的船上放火。他們放了火之後，就又逃走了。然而我們的兵士隨即把火撲滅。

　　要塞裏的人都預備著武裝，而等待著敵人的攻擊，忽然有

個人的子彈帶著火了，他就把子彈帶丟掉，因此把火傳開了，大砲也著火而爆裂，有五十個手榴彈裝在裏面的木箱也被延燒而炸開了，使我們受了很大的損害。

同月 16 日，我們的五個騎兵和慣常一樣地出去，要想去活捉一個哨兵來。當他們走近敵人的軍營時，為三十個中國的騎兵所追逐（這些騎兵在馬上帶著弓箭，也佩著腰刀）。他們想要退回，而被伏在樹叢中的約一百個步兵截斷了退路，因此他們只好硬打過去。有一個人的馬跌倒了，就為敵人所追到，他仍奮勇抵抗，拿下了卡賓槍拼命射擊，直至因受傷過多而死去為止。國姓爺聽到了這種情形，認為他是勇敢的英雄而厚葬他，令全軍致敬，並放禮砲。

同月 25 日，我們的海軍砲兵下士想放一個榴彈；然而當他在導火線幾乎燒完之後，纔能很費力地使臼砲著火時，不及一個人那麼高的榴彈爆發了。有還帶著火的一個碎片落在裝著小銃彈的穹窖砲上，這個砲立即炸開，炸傷了許多人。同一個海軍砲兵下士在同月的下旬為敵人所重傷。他為一個裝了霰彈大砲所打中，受傷三十處。

7 月 10 日，我們看見一隻中國木船從南方開來，掛著荷蘭國旗，被暴風吹到北線尾的海邊。長官隨即派了一隻單檣帆船

去看在船上的是什麼人。他們原來是從巴達維亞來的中國商人，帶著巨額的錢。他們的木船撞破了之後，許多人帶了他們所能救來的若干箱子的錢到我們的船上來。他們為了我們的援救而分了其中的一半給我們；也有許多人下水游泳；其餘人卻不願放棄錢，而投到敵人那邊去了。這些人是兩個月前從巴達維亞來的。他們告訴我們：公司任命了一位新的大員長官，不久就要來了。

同月 15 日，我們在夜裏派了的十個義勇軍和一位下士軍官出去偵察：是否能抓到一個敵人的哨兵。我們在走向 Bockenstall 的他們的軍營去的半路上，碰到了三個敵方的兵士，我們向其中的兩個的頸上套了一條繩子，使他們不能叫喊，而第三人卻逃走了。我們以殘酷的拷問使帶回來的兩人說出敵情，然而不能相信；他們寧願死，而不願背叛他們的同胞。

幾天之後，我們看見有一隻船來了，就在同一天夜裏，派了一隻單檣帆船去查明那是一隻什麼船。對方說：新長官來接事，請我們的長官準備移交，經我們查明屬實，新長官名為 Kling。然而他一知道了臺灣的局勢，因為他帶來的兵不多，除此以外，孤立無助，所以就到日本去了。

敵人開始在北線尾建築砲臺，可從那裏直接轟擊要塞的門

口。他們想奪取我們埋葬死人的地方，因為我們每天要埋葬死
人。我們的人死得很多，除了受傷的人以外，約有四百人生病，
有一部分是壞血病，另一部分是水腫，生病的原因是因為我們
吃了很久很壞的水和食物，而且沒有休養。

　　8月9日，我們看見有十二隻船的一個艦隊從南方來，希
望它是我們的援兵，後來果然證實了。它到了南港口下了錨，
派了一隻單檣帆船來通知我們，他們是帶了軍隊和軍火來援助
我們的，他們的司令官是 N. Gaw。不料在半小時之後，起了狂
暴的南風，他們不得不把錨索割斷，趕快開到大海裏去了。那
些船很快地被風吹開了，一隻也不能再看到。我們已經看到一
個威武的艦隊到來，而忽然又不見了，當然非常悲傷。然而還
有一件事情，使我們更加難堪：就是在當天傍晚，我們聽到敵
人歡呼，向我們高叫道：那些船之中的一隻，已經在岸邊打破
了，他們俘擄了想逃生的若干人。因此獲悉了我們的許多情形。
十一天之後，我們看見那個艦隊再來了，他們在這段時期中停
在澎湖，現在從那裏帶了許多家畜來，以作我們的病人的食物。
他們上陸，把軍火和食物運入要塞之後，我們大家預備猛攻敵
人，因此命令五隻船裝了一切必要的東西，從後面攻擊在街上
裝著大砲的市區。又有許多小船及單檣帆船裝好了手榴彈和火

器，以攻擊中國木船。它們在預定的日子開出去，集中於同一地點，而發見所有的街道都有防禦工事，裝著大砲，所以他們不能用大砲做什麼事，反而為敵人所猛烈地射擊，因此就想回來。不料有兩隻擱淺了，其中的一隻叫做 Kaukerken，恰好擱淺在敵人的砲臺前面，被敵人射擊得很慘，大部分的人受傷，不能再運用帆和大砲，都想跳入水中，游回要塞去。過了不久，船的後部因火藥爆發而炸毀了，前部則還在水上，在船上的人還想逃生，然而火延燒不已，終於燒到船首的斜檣上了，他們狂呼救命。於是敵人坐了許多舢板而來，捉了那些受傷的人，把他們投入猛火中。另一隻船叫做 Kurtenhofen，在離開敵人的砲臺較遠的北線尾附近擱淺了。船長和船夫們放下一隻有小錨的小船去，說是要拋出小錨以移動那隻船，然而他們不再回來。其他的人，能游泳的，都跳入水中游到陸地去。還有六個人和一位中尉在船上，終夜為火船所困擾，因此想將火船之中之一隻的火撲滅，放棄自己的船，而跳到那隻船裏去，以求活命。我們的小船和單檣帆船，衝入敵人的木船中間，想放火燒它們，卻為它們所包圍了，又有兩隻單檣帆船及一隻小船被俘去了。其餘的人竭力想用手榴彈和火器傷害敵人，然而敵人非常敏捷，用船帆接彈，而把它們向我們自己的船中拋回來，因此我們損

失了許多人，不得不退卻。在這次衝突中，我方除了受傷的以外有三百人陣亡。那些死人漂到敵人那邊去，為他們所凌辱。他們把死人的生殖器割下來，放在嘴裏，而使他們隨著流到我們這邊來的潮流漂回來。有許多人被砍了頭，許多人被慘酷地殺戮。

在 1661 年，3 月 4 日被俘的荷蘭人，這時候聽人說：我們攻擊大員市區的敵人，也在水上攻擊了他們的船，獲得勝利，就集合起來（因為他們雖然是俘虜，卻可以隨意行走）以詐計和武力奪取了敵人的武器，而到赤嵌去，希望他們在那裏，我們在大員可以打勝仗；結果恰好相反，我們在大員，他們在赤嵌都打敗了，而且被關起來，陸續被殺。

到此時為止，我們的船可以自由來往，所以能得到一切需要的東西。現在敵人想要截斷我們的航路，因此用許多戰船阻撓海港的入口。我們也在海岸的最突出的角上築了有兩個砲臺的一座木造的碉堡，設置重砲，也能向水上射擊。我們又在領港船上裝了特別的火器和火藥，再用一層平頂以掩蔽之，平頂上乘著許多善於泅水的兵士。他們將船開出去，好像要穿過敵人的木船中間而進港內的樣子，敵人隨即從兩邊攻擊它，而且紛紛跳入船內。那些兵士，祕密地放進了火之後，就跳入水中

游泳，而在船上的許多敵人則被炸掉了。然而以木船作戰的敵人仍不肯離開那個地方，其中的許多隻終於被我們用新堡壘法打沉了，他們也受了其他的大損害，於是我們的航路又開通了。

這時候我方的一個下級軍官和三個兵士逃去投降敵人，密告他們，可以先攻我們的方形堡。

9月下旬，以三隻船裝載兵士和軍火，開到澎湖去，以再運家畜來給病人和受傷者作食物。

我們的兵士乘船去時，敵人預先隱伏在澎湖，我們的兵士全不知道，安心地從船上登陸，分散到各處去。敵人大批地出來攻擊我們，死傷了很多，使我們受了很大的損害，有十個人在水裏也被俘去了。敵人把他們綁起來送到大員的國姓爺那裏去。王令人割去了他們的鼻子、耳朵和右手，然後陸續把他們送回我們的要塞。其中有一個法國人，被早先從我們這裏逃去投降敵人的一個法國同鄉看到了，這個人為他向敵人懇求不要割他的右手，蒙敵人允許了。

這時候隊長 Autzhorn 帶了三隻船從小琉球島回來了，他是在幾星期之前到那裏去的，他在小琉球島對面的臺灣本島上要知道那個島上的人民是否對我們表示敵意，因此派了一隻單檣帆船和若干兵士到那裏去，並且託其中的一個帶一封信去給那

裏的人民。那個島與臺灣本島只有大砲的射程那麼遠，島上的人民很多。那個人卻沒有回來，因此那封信沒有得到答覆。後來有個人自告奮勇，願去和那裏的人民直接交涉，他曾經在那裏做過好幾年學校教師，懂得他們的言語，以為他們一定會歡迎他，把他舉在手上的。他到那裏時，他們很敬望他；然而他把來意說明了之後，他們就割下了他的頭，每個人割取他的一塊肉。他死了之後，他們真的把他舉在手上。

因此隊長 Autzhorn 等人就十分明白：土人對於我們是有敵意的；因此乘船回大員的要塞。他們在那裏遇到了有三個荷蘭人的一張竹筏，他們對隊長 Autzhorn 說：他們一共八十人，在卑南覓（今臺東）住了很久，一同從那裏來，曾經派了有三個人坐的竹筏去和荷蘭人的那些船接洽，然而沒有回來。他們又訴說他們的苦況。他們屢次為土人所追逐，不得不硬打過來，因此很缺乏火藥和槍彈。隊長就儘量送給他們一切東西，約定一個日子，要他們在幾星期之後集合，以便用船來接他們，然後又開船走了。

10 月 18 日，隊長 Autzhorn 受命帶著武裝充實的一隻小橈船和領航船到北線尾去拆毀那裏的砲臺，然而敵人得到這個情報，以大砲攻擊他們，使他們受了很大的損失而不得不退卻。

　　因為我們覺得力量太弱，不能驅逐敵人，必須向別處求救，因此決定派五隻船到中國海岸去，並且派一位專使到北京去見滿清人的皇帝。和我們一同從巴達維亞來救臺灣的司令官 Gaw 親自同往。他帶了一種貴重的禮物去獻給皇帝，以為這樣可以希望他更願意允許他的請求：就是請他派兵援助我們征服共同的敵人。不料他們開船之後，途中遇到暴風，船被吹散了。司令官和已經離開了船路很遠的其他兩隻船竟改變方向而到暹羅去，在暹羅補充了必需品之後，再前往巴達維亞。

　　其他的兩隻船，過了很久之後又回大員，因為它們在中國的海邊停了幾天，沒有再遇見其他的三隻船。我們因此大為失望。敵人從我們的叛徒聽到了這種情形，非常得意，也聽從了這些人的勸告和指導而加強了他們的工事，竭力設法，預備進攻。

　　12 月初，中尉 Altorff 用兩隻船送五十個健康人及一百個病人及受傷者到小琉球島，以便他們有可可樹及其他草木的果實可食。我們到了那裏，人人想吃這些新鮮的東西，各自出去尋找，因此互相分散了。有些人遇見了曾經追逐過他們的中國人，就回營舍去報告隊長。隊長就派了一隻單檣帆船載了兵去，叫他們環島航行，偵察附近有沒有中國木船。他們奉命去看，

並沒有中國木船發見。他們這樣報告了之後，又到那裏去，在以前曾經留意過的一個地方登陸，在那裏發見了許多可可樹，就砍倒了許多株，以採取其果實。忽然來了大批的中國人，武裝齊全，奪取了那隻單檣帆船，放火燒它，打死了舵手和兩個船夫。其餘的人，有的跳入水中，有的穿過林中而逃回營舍。我方一聽到了這種情形，就派了一位下士和二十個兵去，看見還有四個中國人在破壞單檣帆船的鐵器。我們打死了其中的兩人，逐走了兩人。這兩個人逃入巖石中的洞裏去，是用梯子爬上去的。他們爬上去之後，把梯子拖上去了，我們無法追到，就退回營舍。

我們在船上裝了木頭和可可的果實之後，回到對面的臺灣本島來，把上述的八十人帶走，然後回大員，恰好是在要塞投降給敵人的時候。

我們不在那裏的時候，敵人在方形堡後面築了幾座砲臺，而用以向方形堡上打成了一個缺口，又在白天搬了梯子來，想衝入城中。我方的軍士備好了手榴彈及各種火器，敵人因死傷甚多而不得不退卻。然而他們又開始猛烈地射擊，擴大了那個缺口。因此我們不能再留在那裏了，請求長官允許放棄那個方形堡；而因為藏火藥的地窖中還有幾桶火藥，我們預先在地窖

裏點著了火繩，然後撤退至熱蘭遮要塞。中國人一發覺方形堡
中再沒有抵抗了，就蜂湧地進去，以為可以掠取些東西。火繩
燒完之後，燒著了火藥，於是方形堡及其中的一切人都轟然炸
掉了。因此他們向我們叫喊說：我們違反戰爭的公法，而作卑
鄙的殘殺行為；因此他們決意以全力攻城，即未生的胎兒也不
寬恕。於是他們在方形堡的原址又築了一個砲臺，設置了幾尊
能射出三十六磅鐵的大砲，用以在 Amsterdam 和 Gellerland 稜
堡之間打成了一個缺口。我方已經沒有燃料及其他東西了，所
以不能抵制他們。然而我們決意要戰到最後一人為止，軍官們
也贊成這種意見，以為別無辦法，只好出城突擊，與其為敵人
侮辱而死，不如在戰場上壯烈成仁。

　　可是我們的長官不贊成這種辦法，而決心儘量與敵人妥協。
他就派了一位專使前往接洽，敵人答應了互相派人磋商，訂立
和約。

　　1662 年 2 月 10 日，和約成立了，其條件如下：我方的健
康者及病人共計九百人，可以全身武裝而揚旗出城；城中的一
切貨物必須交給敵人，所有的槍砲必須先放過而留下，因為他
們懷疑我方或有詐計。雙方都遵守這種和約，我方的人員都被
送上了船，在船上留了幾天，一直到所有的東西都交給他們為

止。然後派了我們的一隻船到中國沿海的廣東去接被俘的赤嵌
的司令官；而我們則乘其他的船到巴達維亞去。

荷蘭投降

本書徵引重要文獻

1. 《臺灣經濟史》（周憲文先生著）

2. 《臺灣叢談》（臺灣史蹟研究會彙編）

3. 《臺灣早期歷史之研究》（曹永和先生著）

4. C. Imbault-Huart: *L'ile Formose, Histoire et Description*（黎烈文先生漢譯）

5. W. A. Pickering: *Pioneering in Formosa*（吳明遠先生漢譯）

6. G. L. Mackay: *From Far Formosa*（周學普先生漢譯）

7. Ludwig Riess: *Geschichte der Insel Formosa*（周學普先生漢譯）

8. C. E. S.: *Verwaerloosde Formosa*（周學普先生漢譯）

9. Albrecht Herport（周學普先生漢譯）

10. Albrecht Wirth: *Geschichte Formosa's bis Anfang*（周學普先生漢譯）

（其他單篇論文、古文、舊誌不備錄）

臺灣開發史（增訂六版）　　　　薛化元／編著

臺灣有文字記載的歷史時代大約從十七世紀開始，距今不過四百年左右。但是若以臺灣島作為歷史研究的對象，單單原住民諸族群社會文化的傳承，臺灣歷史就非短短四百年所能涵蓋。本書以考古與原住民社會作為開端，迄於戰後臺灣的歷史發展，除討論臺灣政治歷史發展之外，對於人民生活及社經文化的演變亦多著墨。透過本書，對於臺灣整體的歷史圖像當有較全面性的認識。